◎教育部高校示范马克思主义学院和优秀教学科研团队建设项目（重点选题）“柴素芳全国高校思想政治理论课名师工作室建设”（项目编号：18JDSZK025）资助出版

◎教育部高校思想政治工作精品项目“以微电影为载体提升思政课实践教学亲和力研究”（教思政司函〔2019〕2号）资助出版

◎北京高校思想政治理论课高精尖创新中心委托项目“高校思想政治理论课微电影实践教学‘1+3’模式研究”（课题编号：20GJJ001）资助出版

高校思想政治理论课微电影教学成果丛书　主编　柴素芳

高校思想政治理论课
优秀微电影应用研究

王华玲　李慧娟　著

河北大学出版社
·保定·

高校思想政治理论课优秀微电影应用研究

出 版 人：朱文富
责任编辑：王红梅
装帧设计：杨艳霞
责任校对：刘景坤
责任印制：常 凯

图书在版编目（CIP）数据

高校思想政治理论课优秀微电影应用研究 / 王华玲，李慧娟著. -- 保定：河北大学出版社，2021.12
ISBN 978-7-5666-1988-4

Ⅰ. ①高… Ⅱ. ①王… ②李… Ⅲ. ①高等学校－思想政治教育－教学研究－中国 Ⅳ. ① G641

中国版本图书馆 CIP 数据核字 (2021) 第 278209 号

出版发行：河北大学出版社
地址：河北省保定市七一东路 2666 号 邮编：071000
电话：0312-5073019 0312-5073029
邮箱：hbdxcbs818@163.com 网址：www.hbdxcbs.com
经 销：全国新华书店
印 刷：保定市北方胶印有限公司
幅面尺寸：170 mm × 240 mm
印 张：9
字 数：140 千字
版 次：2021 年 12 月第 1 版
印 次：2021 年 12 月第 1 次印刷
书 号：ISBN 978-7-5666-1988-4
定 价：45.00 元
如发现印装质量问题，影响阅读，请与本社联系。
电话：0312-5073023

总　序

《高校思想政治理论课微电影教学成果丛书》终于可以与广大读者见面了！之所以使用“终于”二字，是因为这套丛书是伴随我校“思想政治理论课”（以下简称“思政课”）微电影教学改革八年来的艰辛历程而诞生的。

一

西·切威廉斯指出：“人生是一次航行。航行中必然遇到从各个方面袭来的劲风，然而每一阵风都会加快你的航速。只要你稳住航舵，即使是暴风雨，也不会使你偏离航向。”我校思政课微电影教学改革的历程就像是一次追求梦想的航行。2006年，我校落实《〈中共中央宣传部、教育部关于进一步加强和改进高等学校思想政治理论课的意见〉实施方案》，将“思想政治理论课社会实践”作为一门独立的课程开设，从“原理”“纲要”“概论”“德法”四门课中抽取部分学时，每年在全校大学生的第四学期开课，共2学分，34学时，以学生在教师指导下开展社会调研为实践形式，以调研报告为作业提交形式。我自2009年以来，一直在探索创新“思想政治理论课社会实践”教学模式，力求解决实践教学中存在的经费不足、安全有隐患、亲和力和实效性不足等问题。

2013年6月，我开始探索微电影与“思想政治理论课社会实践”相结合的方式。那时的我，完全不懂什么是微电影，在受到时任校团委书记单耀军老师的启发后，在百度查找微电影的相关知识。毫不夸张地说，我一边查找资料，一边热血沸腾，因为困扰多年的实践教学改革方向终于清晰起来了。在微博、微信、微电影等“微”风蔓延的时代，微电影因为具有微时长、微制作和微投资的优势而深受年轻人的喜爱。在大学生已经人人有手机的现实条件下，学生用创作微电影的方式学习思政课是一种值得尝试的教学模式！为避免走弯路，我决定自己先“下河摸鱼”。于是，我设计了自己实践课程的方案：暑期组织部分学生到唐山滦南县洼里村“感动中国人物”高淑珍的“爱心小院”开展幸福观调研，再根据我开展幸福观教育的真实经历和高淑珍的先进事迹写剧本、拍摄微电影。2013 年 9 月 11 日至 11 月底，在时任校党委宣传部部长刘焱的大力支持下，在时任新闻中心主任张永刚及王智利、王二军、李瑶等老师的热心帮助下，首部微电影《幸福阳光》诞生了！影片中的柴老师由我本人出演，时任马列部党支部书记张露红、“毛泽东思想与中国特色社会主义理论体系概论”课教师陈海英、“马克思主义基本原理概论”课教师张云海和沙占华，都在影片中扮演了重要角色，影片中的学生均为我校学生演出。该片被校内外思政课教师运用到理论课堂后，学生们被这部具有原生态特色的影片吸引着、感动着。影片取得了良好的教学效果，也获得多项省市级奖励。可以说，该片点燃了我校思政课微电影教学改革的星星之火！为验证微电影教学的可推广性，我像医生一样继续在自己身上“扎针”试验。2014 年 3—6 月，我在自己所教的“德法”课上，安排同学们根据教材内容分章拍摄影片，共诞生《来自星星的柴老师》《醒》《懵懂少年》等 16 部影片。审阅影片的过程真的是一个兴奋不已的过程，学生活学活用教材的创造力超乎我的想象！这个试验结果坚定了我加快教学改革的信心和决心！2014 年暑期，微电影教学改革在我院的“思想政治理论课社会实践”课全面铺开，学生的实践方式改为调研报告和微电影两种作业提交形式，学生可以任选其一，当年就诞生了 370 多部微电影。2014 至 2021 年，在全体教师的共同努力下，总计 3 万多名学生参与了微电影拍摄，影片总数达到 6200 部，充分表明学生自主选择拍摄微电影的兴趣越来越浓，尤其是最近两年，选择拍摄微电影的学生占参加实践课程学生总数的 90%，选择调研报告的学生占10%。

近八年来，我院思政课微电影教学改革全面、扎实地推进着。

一是搭建了多个工作平台。2017年5月，成立了“河北大学思政课微电影教学改革研究中心”，创建了“幸福微影”微信公众号，推送微电影教学改革成果百余篇，粉丝2万多人。2018年获批教育部“柴素芳全国高校思想政治理论课名师工作室”，为师生唱好微电影教学改革交响曲提供了有利条件。2019年7月，学校投资120万元创建了“河北大学新时代高校思政课微电影教学基地”，助推思政课微电影教学向纵深发展。2019年10月，成立了“幸福微影社”，分为导演部、演员部、剧本部等10个部门，成为本硕博学生以微电影为载体学习并践行习近平新时代中国特色社会主义思想的阵地。

二是发挥了良好的示范作用。学院先后举办了两次全国高校思政课微电影教学改革研讨会；120多所高校同人前来交流；我和陈海英等老师应邀到50多所高校推广经验；北京高校思想政治理论课高精尖创新中心在其“全国高校思想政治理论课教师网络集体备课平台”，为我校搭建了“幸福微影”栏目，我校150多部优秀影片已经成为全国思政课教师共享的教学资源。新华社、中央电视台《新闻联播》和《新闻直播间》、《光明日报》、《中国教育报》、中国教育电视台等媒体报道20多次。

习近平总书记的奋斗幸福观告诉我们：“幸福都是奋斗出来的。”“奋斗本身就是一种幸福。”我院取得的微电影教学成果，就是全体教师用奋斗换来的幸福果实。首先，作为微电影教学改革的设计者，他们直面挑战，提升自我。由于微电影教学属于新生事物，没有经验可以借鉴，尤其是教师们缺乏影视专业基础，因此，为了提高指导学生的能力，学院邀请了艺术学院的金晓非教授、中央兰开夏传媒与创意学院的吕屹院长和冉乐鹏老师、宣传部王二军老师作为艺术顾问，对全院教师进行培训。此外，教师们通过个人自学、集体研讨等方式，不断完善培训方案，制作精良的教学课件，确保了培训质量。其次，作为微电影教学改革的组织者，他们倾心辅导，成就学生。他们不仅要帮助学生围绕理论教学内容设计微电影主题，还要修改学生撰写的剧本，尤其是在学生拍摄影片过程中给予多方面的辅导，帮助解决各种难题，对学生提交的微电影提出修改意见。

二

德国哲学家卡尔·雅斯贝尔斯提出："教育的本质意味着：一棵树摇动另一棵树，一朵云推动另一朵云，一个灵魂唤醒另一个灵魂。"我校思政课微电影教学改革的初心，并非为了让学生拍摄高精尖的艺术作品，而是为了更好地实现"立德树人"目标。八年来的改革实践表明，我们的初心和梦想在一定程度上得到了实现，促进了"六个相统一"。

第一，促进了思政课"政治性和学理性相统一"。思政课的微电影与艺术专业微电影的区别在于，思政课微电影之"瓶"，装的是教学内容之"酒"，而"酒"的品质由教学内容的政治性和学理性决定。故学生创作微电影就是在"酿酒"和"品酒"，就是在享受理论的滋养。比如《打虎上山》《孤岛蓝鲸》《匠心》分别以反腐倡廉、生态文明建设和弘扬优秀传统文化等教学内容为主题，艺术地将思政课政治性和学理性有机融合了。

第二，促进了思政课"价值性和知识性相统一"。教师指导学生根据教学内容创作微电影的过程，就是对学生价值观引导的过程。《幸福阳光》是根据"德法"课"创造有价值的人生"知识点创作的，主题为"幸福就是被需要、有价值"。2018年《幸福阳光2》立足习近平新时代中国特色社会主义思想"三进"工作，主题为"幸福都是奋斗出来的"。无论是拍摄影片还是运用影片，学生均得到良好教育。

第三，促进了思政课"理论性和实践性相统一"。微电影教学的目标在于：扎实践行我校"滴灌式"教育理念，以微电影为载体实现育人目标，使学生将理论内化于心、外化于行，成为愉悦的学习者、平凡典范的树立者、创造幸福的体验者、马克思主义理论和新思想的传播者。微电影教学实现了理论课堂与实践课堂的互动互融互补：教师在实践课堂组织学生根据理论课堂教学内容拍摄微电影，再将学生拍摄的优秀影片反哺到理论课堂，因此，实践课堂（拍摄影片）因为有理论支撑而彰显了深度，理论课堂（运用影片）因为有实践投入而增加了温度。

第四，促进了思政课“主导性和主体性相统一”。在微电影教学中，教师主导性和学生主体性通过四个环节得到统一：教师根据教学内容指导学生确定微电影主题，把握微电影的“灵魂”；教师培训学生，包括微电影教学的意义、操作技术、成果规范、成绩评定方法等；学生自主完成剧本写作、揣摩角色、联系拍摄场所乃至完成表演、录制、剪辑、配乐、旁白等一系列工作，教师随时予以指导；教师按照“优、良、中、及格、不及格”五个等次评定成绩。

第五，促进了思政课“灌输性和启发性相统一”。微电影教学并非教师向学生“强灌”理论，而是将教学内容之“水”，经微电影之“渠”，慢慢“滴灌”到大学生心灵之“田”，使学生在“润物无声，春风化雨”的启发式教育中消化理论、解决问题，在推动剧情发展的过程中水到渠成得出结论。

第六，促进了思政课“显性教育和隐性教育相统一”。一方面，微电影主题紧贴理论教学内容而设定，属于显性教育层面。另一方面，微电影创作是隐性的寓教于乐的教育活动：学生在编写剧本时，从艺术审美的视角感受思政理论课的价值与魅力；在拍摄、制作微电影时，学生不仅从故事中接受精神洗礼，也在实践中学会了合理分工、精心策划与密切配合，磨炼了意志，体验着创造者的幸福。总之，微电影教学引导学生在“做”中学做人、学做事，于隐性教育中得到全面成长。

三

亚里士多德说，“在教育上，实践必先于理论”；毛泽东说，“真正的理论在世界上只有一种，就是从客观实际中抽出来又在客观实际中得到了证明的理论”。我校思政课微电影教学改革的理论研究与实践探讨同步进行。从八年来的改革实践来看，我校闯出了思政课实践教学的一条新路，学生们非常喜爱拍摄微电影这种学习方式，但这种教学改革的规律性、价值性及存在的问题、进一步深化改革等都需要教师们在理论上进行深入研究。为此，教师们一边进行改革实践，一边进行理论研究，陆续取得了一些研究成果，初步实现了经验的理论化，主要成果包括：

第一，2020 年，本人负责的“思想政治理论课社会实践”课程入选国家级一流本科课程，微电影实践教学有了更高、更广阔的发展平台。近年来，团队三次获得河北省优秀教学成果奖；2019 年，《浇花浇根　育人育心——河北大学“滴灌式”思想政治教育十年探索》获得第八届河北省高等教育教学成果奖一等奖；2019 年，《微电影为载体的高校思政课实践教学模式探索研究》获河北省第八届教育教学成果奖二等奖；2017 年，《加强“三维联动”，构建高校思想政治理论课“四新四化”育人模式》获得河北省第七届教育教学成果奖二等奖。

第二，申报课题十多项。其中，教育部项目三项：一是教育部示范马克思主义学院与优秀教学科研团队建设（重点选题）“柴素芳全国高校思想政治理论课名师工作室建设”，经费 40 万元；二是教育部高校思想政治工作精品项目“以微电影为载体提升思政课实践教学亲和力研究”；三是教育部教学方法择优推广项目“高校‘思政课’微电影教学法创新运用研究”。河北省教育厅课题四项：一是教育教学改革课题“以微电影创新思政课融通教学模式的理论与实践研究”；二是教育教学改革课题“基于过程哲学的体验式教学模式研究——以‘马克思主义基本原理课’为例”；三是河北省研究生创新资助项目“‘毛泽东思想和中国特色社会主义理论体系概论课’运用微电影教学方法研究”；四是河北省大学生创新创业项目“微电影在大学生法制教育中的应用研究——以河北大学思政课微电影教学为例”。横向课题四项：一是与保定同美家集团合作的“高校思想政治理论课微电影教学改革研究”；二是与北京启航考试学校合作的“高校思政课实践育人微电影教学法探索与实践”；三是与中国人民大学马克思主义学院合作的“高校思想政治理论课微电影教学‘1＋3’模式研究”；四是与沧州幼儿师范高等专科学校合作的“高校思想政治理论课协同教研理论与实践研究”。

第三，发表学术论文十多篇。比如《微电影：引导大学生践行“奋斗幸福观”的有效载体》（《思想理论教育导刊》，2020.02）；《微电影教学：高校思想政治理论课实践教学的创新形式》（《思想理论教育导刊》，2017.09）；《让思政课插上艺术翅膀——京津冀高校提升思政课亲和力论坛综述》（《思想教育研究》，2017.09）；《微电影：高校思想政治理论课教学的新载体——以河北大学微电影教学法为例》（《思想教育研究》，2015.10；人大报刊复印资料《高校思想政治理论课研究》全文转载，2016.03）；《以微电影创新高校思想政治理论课实践教学模式》（《思想教育研究》，2016.04）；《“概论课”运用微电影教学法的可行性、原则性与价值性探析》（《河北大学学报》〔哲学社会科学版〕，2019.01）；《“对象性活动”对思政课教学改革的观照——以河北大学思政课微电影教学改革实践为例》（《河北大学学报》〔哲学社会科学版〕，2019.01）；《以微信为载体增强高校思想政治教育的亲和力与实效性》（《河北大学学报》〔哲学社会科学版〕，2017.02）；《互联网＋时代高校思想政治工作创新研究》（《河北大学学报》〔哲学社会科学版〕，2019.01）；《大学生创新创业教育的应用探索：微电影教学方法》（《河北农业大学学报》〔农林教育版〕，2018.12）；《全国高校思政课微电影教学研讨会综述》（《潍坊工程职业学院学报》，2019.07）。

第四，出版《高校思想政治理论课微电影教学成果丛书》。这套丛书分为三卷，作者均为我校思政课微电影教学改革的参与者、贡献者，这套丛书是他们以实践为笔墨书写出来的。

2020年出版的《高校思想政治理论课微电影教学理论与实践研究》是对我校“思想政治理论课社会实践”课程教学理论与实践经验的总结，内容涉及微电影教学的理论论据、微电影教学改革历程、微电影教学的社会影响等多个方面，对于高校开展微电影教学具有一定的参考意义。该书作者为沙占华、柴素芳和李昊辰。柴素芳教授作为“河北大学思政课微电影教学改革研究中心”主任，是我校微电影教学改革的领跑者、组织者，一直奋战在教学改革最前沿，2018 年入选教育部首批“全国高校思想政治理论课名师工作室”，围绕微电影教学主持了多项省部级课题，发表多篇论文。沙占华副教授为河北大学马克思主义学院第三党支部书记，不仅在首部微电影《幸福阳光》中扮演重要角色，而且是“河北大学思政课微电影教学改革研究中心”理论研究部部长，发表了多篇微电影教学改革文章，其指导学生拍摄的微电影获教育部“我心中的思政课”全国大学生微电影展示活动三等奖。李昊辰老师是“河北大学思政课微电影教学改革研究中心”秘书长，全力开展微电影教学资料收集整理、“幸福微影”微信号运营、外校同人来访接待、媒体报道等工作。

即将出版的《高校思想政治理论课优秀微电影应用研究》是我校微电影教学成果在理论教学课堂的应用和发展，内容涉及微电影内容概述、微电影教学解析、微电影作品适用课程类型、微电影应用分析等多个方面，对于高校思政课教师运用优秀影片开展教学具有一定的参考意义。该书作者为王华玲、李慧娟。王华玲副教授为河北大学马克思主义学院第四党支部书记、“河北大学思政课微电影教学改革研究中心”副主任，开拓性地组织教师培训、“幸福微影”微信号运营等工作，多次担任省级、校级思政课微电影大赛评委，还担任着“河北大学幸福微影社”指导教师。李慧娟老师为“概论”教研室主任、“河北大学思政课微电影教学改革研究中心”办公室主任，其指导学生拍摄的微电影获教育部“我心中的思政课”全国大学生微电影展示活动三等奖，发表多篇微电影教学改革论文，多次担任省级、校级思政课微电影大赛评委。

《高校思想政治理论课微电影创作教程》预计 2022 年出版，该书针对思政课微电影创作的特殊性，分别从思政课微电影最常见的两个类型——剧情短片和纪录短片入手，较为完整和详尽地讲授了思政课微电影从前期采访写作到中期拍摄，再到后期制作的基本理论和实践技巧，弥补了图书市场上这类图书匮乏的不足。本书对于非影视专业的学生或者影视爱好者创作微电影，具有一定的指导意义和实用价值。该书作者金晓非，现为河北大学艺术学院影视系教授、硕士研究生导师，中国电视艺术家协会会员，中国台港电影研究会会员，保定影视家协会副主席。金晓非老师是我院特聘的微电影教学艺术顾问之一，多次对我院教师进行艺术指导，多次担任各级各类微电影大赛评委，对于我院微电影教学改革做出了重要贡献。

总之，我校思政课教师不仅是微电影教学的探索者，也是微电影教学的研究者。用课堂教学的理论指导微电影教学的实践，在微电影教学实践中形成理论、发展理论，再用这种理论指导实践，循环往复的理论与实践转化，成就了这套《高校思想政治理论课微电影教学成果丛书》的出版。这套丛书对我校思政课微电影教学进行了深入思考和系统研究，是目前国内第一套全面研究和阐释高校思政课微电影教学的系列研究著作。编写《高校思想政治理论课微电影教学成果丛书》的主要目的，就是要加强对高校思政课微电影教学的深度理论挖掘，希望该成果能够为兄弟院校的思政课实践教学改革提供一些参考，期待该成果对于提升思政课实践教学的亲和力、针对性、实效性发挥一定作用。由于思政课微电影教学改革属于新生事物，我们的实践经验和理论水平是非常有限的，万望前辈、同人多多批评指教。

柴素芳写于河北大学紫园

2021年11月

目　　录

一、反腐倡廉主题微电影应用

《打虎上山》

微影简介

微电影《打虎上山》，荣获2017年河北大学思政课微电影大赛特等奖。作品主要讲述了某省政法委书记许模法索贿行贿、贪赃枉法，最终被学生揭发举报并锒铛入狱的故事。汉西省江州市大力房地产公司董事长冯图漾在未取得合法授权的情况下，其弟冯森破伙同社会闲散人员强行拆除小风厂居民住房，拆除过程中与当地居民发生激烈冲突，最终酿成一死三伤的恶果，涉案人员冯森破被拘留。冯图漾找到汉西省政法委书记许模法，许模法趁机向冯图漾提出各种条件，最后提出以一百万替冯图漾摆平。冯咬牙答应。许找来自己的学生江州市检察长苟利国和冯案原告律师毕趋之，询问二人对案件的看法，毕趋之如实回答，认为这是一起强拆事件，并把冯图漾找过他，被他一口回绝的情况向许模法说明。苟利国则世故地说事情还没弄清楚，不好说。许模法直接抛出底牌，认为冯案不过是一次意外，最多算一次工程事故，不值得起诉，并用现金贿赂的方式诱惑二人。苟利国一边认为老师说得有道理，一边熟练地接下了贿赂款，毕趋之则犹疑地看着老师，但苟利国硬把贿赂款塞到他手里。回家之后，毕趋之辗转反侧，他回想起老师许模法在学校给他们上课时讲到的法律人精神、律师的职业操守和从业时的庄严宣誓。毕趋之抵挡住金钱的诱惑，也不囿于曾经的师生情谊，毅然举报了许模法。最后法庭判决：被告人许模法、苟利国作为国家工作人员，利用职务上的便利，索取和非法收受他人财物，为他人谋取利益，且数额巨大，其行为已构成受贿罪，汉西省高级人民检察院指控罪名成立，被告人许模法犯受贿罪，判处有期徒刑八年零六个月，并处没收财产；被告人苟利国犯受贿罪，判处有期徒刑两年，并处罚金三万元。故事结尾指出，有贪必肃，有腐必反，铁肩担道义，人命大于天。法律人要常怀打虎反贪的魄力，严守底线，打虎上山，必将迎来一个自由、平等、公正、法治的明天。正如习近平总书记所言，不论是什么人，无论其职务有多高，只要触犯了党纪国法，都要受到严肃追究和严厉惩处。

课程应用

微电影《打虎上山》将主题定格在反腐问题上，可以作为“毛泽东思想和中国特色社会主义理论体系概论”（以下简称“概论”）课全面从严治党视域下党风廉政建设的典型案例和“马克思主义基本原理”（以下简称“原理”）课质量互变规律的典型案例。

“概论”课的核心内容之一就是全面从严治党，反腐败问题更是“概论”课绕不开的话题。腐败是社会毒瘤，是我们党面临的最大威胁，如果任凭腐败问题愈演愈烈，最终必然亡党亡国。党的十八大以来，以习近平同志为核心的党中央以猛药去疴、重典治乱的决心，以刮骨疗毒、壮士断腕的勇气，坚持反腐败无禁区、全覆盖、零容忍，坚定不移地“打虎”“拍蝇”“猎狐”。习近平总书记强调，我们党员干部队伍的主流始终是好的，同时，我们也要清醒地看到，当前一些领域消极腐败现象仍然易发多发，一些重大违纪违法案件影响恶劣，反腐败斗争形势依然严峻，人民群众还有许多不满意的地方。党风廉政建设和反腐败斗争是一项长期的、复杂的、艰巨的任务。反腐倡廉必须常抓不懈，拒腐防变必须警钟长鸣，关键就在“常”“长”二字，一个是要经常抓，一个是要长期抓。我们要坚定决心，有腐必反、有贪必肃，不断铲除腐败现象滋生蔓延的土壤，以实际成效取信于民。《打虎上山》恰恰从微观视角诠释了全面从严治党视域下，反腐败斗争在公职人员中的具体行动。微电影以贪腐官员利用手中的公权力，从自己活动的小圈子（师生关系圈）入手，通过接受贿赂，让自己的学生在执行公务时徇私舞弊。这恰恰反映了当前反腐败斗争中经常遇到的乱象之一。而坚持秉公执法、坚守职业道德的学生辗转之后毅然决然地举报，也是当下反腐败斗争中的一种坚持正义和真理的行为。因此，《打虎上山》作为反腐败的典型案例，从国家公职人员腐败问题入手，微言大义，直击腐败问题的痛点，具有现实性和具象性，能够直接、生动地展现贪腐官员的腐败过程和国家惩治腐败问题的决心。同时还可以提醒当代大学生，在步入社会之后，无论身处何地，身居何职，都要时刻警醒，坚守职业道德和职业操守，勿以恶小而为之，不要让自己身陷腐败的漩涡，不要触犯法律底线，遇到腐败问题和腐败现象，要敢于揭发、敢于举报、敢于斗争。反腐败斗争需要从大局着眼，从具体案例入手，坚决落实中央对腐败现象和腐败问题重遏制、强高压、长震慑的要求。要通过治腐惩贪、制度建设、思想教育等措施和手段，多管齐下，综合施策，为党的领导干部建立不敢腐、不能腐、不想腐的体制机制。

在“原理”课教学中，马克思主义辩证法的主要内容之一就是质量互变规律。其中讲到，事物在发展过程中，先进行量的积累，量变积累到一定程度，超出了度，便会发生质变。以反腐败问题为例，但凡被依法依规惩治的各类腐败分子，无一不是先进入小腐的漩涡，然后沉溺其中，所贪所贿数额越来越大，徇私枉法、对公权力的使用越来越受利益的唆使，最后导致覆水难收。《打虎上山》在细节处理上，通过政法委书记许模法熟练地将信封里的钱推到自己两个学生眼前，苟利国熟练地接过自己老师推过来的钱，淋漓尽致地展现了二人在收受贿赂这种事上是如何驾轻就熟的，如果之前没有干过这种事，没有收受其他贿赂，二人绝不会出现这么熟练的动作。当然正是因为有这样的量的积累，才有最后二人接受法律制裁的质的变化。因此，从细节处入手，可以将《打虎上山》作为“原理”课中质量互变规律中“勿以恶小而为之”的典型案例。

课程反馈

作为反腐败斗争的典型案例，《打虎上山》以其独到的视角、缜密的逻辑、精巧的细节打动了同学们。在观看该影片的过程中，以下几点给同学们留下深刻印象。

首先，反腐败斗争是大势所趋。同学们认为，在新形势下，坚定不移地开展反腐败斗争，是兴党兴国之举，是党心民心所向。人民痛恨腐败、盼望惩治腐败，如果再不厉行反腐，我们党就会失去人民的信任、支持与拥护。因此，国家必须加大反腐力度，让党的领导干部不能腐、不敢腐、不想腐，完善监察系统，并且提供一个更接近于人民群众的检举平台，让法律面前人人平等的观念深入人心。当然，反腐败斗争是党的十八大后以习近平同志为核心的党中央“必须要打”而且“绝对输不起”的一场没有硝烟的战争。有贪必肃，有腐必反，是党中央掷地有声的庄严承诺。因此，反腐不能停，反腐没有止境，如果任由这些位高权重、利用职务之便换取自己利益的人猖獗下去，人民就会失去对党的信任，社会就不再安定。

其次，拿起法律的武器，与腐败问题做坚决的斗争。同学们认为，应当让违法乱纪之人受到应有的法律制裁，还社会应有的公平正义。不管多大的官，触犯了法律就得受罚。每个人都要敢于维护法律的权威，保障法律的正常运行。同时，同学们应坚信，只要在党的坚强领导下，腐败贪污现象就一定会根除。

最后，帮助大学生树立正确的三观。看完微影，同学们不禁感叹，这部微电影非常值得当代大学生认真观看，深刻反思应该做一个怎样的大学生，要遵纪守法，坚决不做违反法律的事。许书记这位法律专业的老师也违背了最初的职业理念，而学生毕趟之的做法正是同学们应当学习的！观看这部微电影，同学们受益匪浅，感受到了反腐力度，也帮助大学生树立了正确的三观，起到了良好的教育作用。同时，同学们也认识到，反腐是一项长期又艰巨的任务，不仅仅要靠法律从业人员的努力，更需要每个人长期的坚持。要时刻提醒自己，不断增强免疫力，从点滴小事做起，为建设自由、平等、公正、法治的社会主义现代化国家贡献自己的力量。作为一名新时代大学生，更应该树立良好的价值观，用实际行动积极向党组织靠拢，在困难中不断磨炼自己的心性，努力奋斗，成为一个对社会有用的人。

视频链接：http://www.bjcipt.com/jqp/22658.html.

《一念之间》

微影简介

微电影《一念之间》是 2020 年河北大学思政课微电影大赛获奖作品。故事主要讲述了某建筑公司因为“香江二号”工程消防安全有隐患，未通过政府审批，公司张董事长在询问情况后，认为可以通过其他途径解决。他询问负责项目审批工作的人员情况，当得知是王局长负责审批后，张董认为他是个“死脑筋”，前几次找他帮忙，他都不同意。但是，秘书又向张董汇报，王局的母亲近日得了一种罕见的病，张董的朋友正是这方面的专家。张董认为找到了解决问题的突破口，就约王局见面。王局虽然也知道张董的意思，但因着急母亲的病情，同意见面。见面后，王局要张董开门见山讲问题，张董提到“香江二号”的事情，王局一口拒绝，指出“香江二号”存在安全隐患。张董承诺安全问题一定会解决，王局开始犹豫，张董直接引到王局母亲的病情上，说自己有个朋友是这方面的专家，并把专家的名片递给了王局，承诺如果批准“香江二号”项目，他立刻安排专家为王局母亲会诊。王局犹豫后还是收下了名片，并审批通过有安全隐患的“香江二号”项目。不久，“香江二号”项目发生重大火灾事故，导致重大伤亡。王局和张董的事情败露，在当地引起了巨大轰动，王局知道自己已经不能全身而退了，等待他的只有法律的裁决。此事也引起了媒体关注。在此次事件中，张某通过向住建局局长王某实施贿赂，才通过该项目的审批。王某受贿罪名成立，已被采取强制措施。王某非常懊悔，想到自己十几年来脚踏实地的工作，后来担任局长也不忘告诫自己一定要不忘初心，廉洁奉公，但就在这一念之间，他的仕途就止步于此了。最后，王某留下了悔恨的泪水，服从判决。

课程应用

根据微电影主题，《一念之间》可以作为“概论”课全面从严治党视域下党风廉政建设的典型案例和“原理”课质量互变规律中一个重要关节点“度”的典型案例。

全面从严治党视域下，加强党的自身建设，整肃干部队伍，进行党风廉政教育，通过多种形式的党性教育，加强党员领导干部的思想建设和作风建设。“三严三实”要求党员干部悟思想、办实事、开新局，做到廉洁自律、克己奉公。党的十八届四中全会正式提出“形成不敢腐、不能腐、不想腐的有效机制”。《关于新形势下党内政治生活的若干准则》再次强调，要通过治腐惩贪、制度建设、思想教育等措施和手段，多管齐下，综合施策，“着力构建不敢腐、不能腐、不想腐的体制机制”，这是中国共产党党风廉政建设和反腐败斗争的重要目标要求。

加大正风肃纪、惩治腐败力度，坚持有腐必惩、有贪必肃，以“零容忍”的态度惩治腐败，使违纪贪腐的人付出代价，使领导干部心生戒惧，不敢贪腐。不断健全制度体系，把篱笆扎紧，真正把权力关进制度的笼子，通过完善和落实《中国共产党纪律处分条例》《中国共产党党内监督条例》《中国共产党巡视工作条例》等法规条例，强化制度建设和监督管理，综合施策、标本兼治，使领导干部不能贪腐。不断加强党员干部的思想政治建设，不断提高党性修养，坚定理想信念，强化宗旨意识，牢固树立正确的世界观、人生观、价值观，最终实现不想贪腐。《一念之间》正是通过小切口呈现大立意，以王局在一念之间的思想变化，呈现他突破反腐制度的围栏，不顾制度的约束和惩处，利用手中的公权力实现个人利益的贪腐之意。任何人都不应该为贪腐找任何理由，任何事由都不应该成为贪腐的借口。因此，党风廉政建设、党性教育等一系列党的建设的主要内容，不是说说而已，要时时处处落到实处。

在“原理”课教学中，呈现“度”的典型案例并不少见。马克思曾说过，如果有百分之二十的利润，资本就会蠢蠢欲动；如果有百分之五十的利润，资本就会冒险；如果有百分之一百的利润，资本就敢于冒绞首的危险；如果有百分之三百的利润，资本就敢于践踏人间一切法律。可见，“度”是量变到质变的一个重要关节点。而《一念之间》却从另一个心理维度，诠释了度之于质量互变的重要性。微电影中王局面对递过来的名片，拿与不拿就在一念之间，可就在这一念之间，问题的性质就发生了变化。因此，运用质量互变规律分析贪腐问题，可以从度的视角诠释党的各级领导干部如何从执政为民、廉洁奉公，通过量变的积累，突破度，最终走向腐败的。《一念之间》也由此提醒党员干部，要时刻让自己保持清醒的头脑，不被各种利益诱惑，坚持洁身自好，清廉为官。同时，也借此提醒当代大学生，如何在心中种下不想腐的种子，如何防止自己将来步入社会后陷入腐败的泥沼。

课程反馈

《一念之间》恰如其名，就在这一念之间，质量之间发生决定性变化，人的行为发生质的变化。如果将一念之间聚焦于腐败问题，那一念之间可以毁掉一个人一生的清廉。一念之间，是一生的桎梏。腐败的方式有很多种，利用公权力为自己谋求私利却是腐败的本质特征之一。因此，在观看《一念之间》后，以下问题引起同学们的思考。

解决困难不是腐败的借口。微电影中，王局因为母亲的病情接受了张董推荐的专家，由此进行了利益交换。他的心情可以理解，而行为却不能原谅。正如同学们所说的，在亲情与职责之间，王局选择了前者。王局身为政府的一名官员，他代表的是“忠”和“公”，而王局母亲的病情则代表着王局的“孝”

和“私”。但是，在忠孝、公私面前，在一念之间，他选择了后者。孝敬父母本身是好事，但王局的权力是人民赋予的，这也决定了他应该以人民的利益为重。当个人利益与人民利益发生冲突的时候，个人利益应该给人民利益让步。王局这样身居要位，为人民服务的“公仆”尤其应如此，而他却选择了放弃群众的利益来追求家人的一线生机。为了家人有可能救治的希望就放弃了群众，这样的行为，是需要接受审判的，因为他的一念之差，多少无辜的人因此受到不可挽回的伤害，多少家庭因此而破灭！尽管看上去他并非是真的为了某种利益，是为了家人，但是他还是屈服、让步了，他最终还是拿群众的生命开玩笑了。

腐败问题引发的警醒。同学们认为，金钱不是万能的，但它可以放大人的贪欲。权力本应该是制约、服务社会的存在，但是当掌权人有了个人需要，或者放纵贪欲，那资本就会抓住机会，通过权力为自己开绿灯。张董和王局，一个是一直游走于法律的边缘，甚至违背法律和人民的意志；一个是脚踏实地工作了十多年，一念之差，一辈子毁于一旦。其实，很多贪官，一开始也是脚踏实地地工作，合理地使用人民赋予的权力，或许只是那一念之差，使情与法的天平发生了倾斜，他们为了个人利益而损害了公众的利益，最后只能锒铛入狱。法律的牢笼是无情的，他既然在那一念之间做错了选择，那么等待他的肯定是道德的谴责和法律的惩罚。千里之堤，溃于蚁穴。无论当时的情况多么糟糕，也不应让一念之间的错误，毁了一个人的一生。

视频链接：https://mp.weixin.qq.com/s/_R9CE423t5WJDij_wD3Xfg.

二、传统文化主题微电影应用

《那些没有机会说的抱歉》

微影简介

微电影《那些没有机会说的抱歉》，荣获 2018 年“繁星奖”河北大学思政课微电影大赛一等奖。本片围绕亲情这个话题，讲述了这样一个故事：一位母亲每日辛苦赚钱，带着满满的爱意，一人将孩子抚养长大，孩子也想帮母亲分担生活压力，但是因为缺乏沟通而产生隔阂，女孩在母亲意外去世后才懂得母亲对自己的爱，却再也没有机会对母亲说一句抱歉。影片围绕父母与孩子之间的隔阂，表达了爱需要沟通和理解的观点。故事主人公乔虹生活在单亲家庭，和母亲相依为命，母亲每日辛辛苦苦赚钱，一人将孩子抚养长大。影片开始，乔虹的绘画作品《我的母亲》获得了 95 分的好成绩，但是她并不开心，回到家后和母亲分享，母亲也是无动于衷。为了帮母亲分担压力，乔虹开始了网络兼职工作，在一次与客户联系的过程中，母亲误认为她在玩游戏而耽误了学习，两人发生了口角，乔虹撕碎了亲手画的母亲的画像。当乔虹向母亲提出买一台电脑用来兼职赚钱却被拒绝的时候，她认为母亲一点儿都不爱她，从来没有时间关心她，甚至她也从未像别人一样吃过生日蛋糕。乔虹最终用别人的电脑完成了设计图，拿到了自己的第一份工资。当她兴高采烈地盘算用什么礼物向母亲道歉的时候，却接到了母亲意外去世的电话，突如其来的噩耗让她蹲在地上号啕大哭。几天后，当她打开母亲的钱包，发现了一卷卷标记着学费、水电、房租和蔬菜的人民币，其中，还有一张写着电脑的纸条。原来，母亲并不是不关心她，知道她想要一台电脑，也在准备钱给她买电脑。故事的最后，乔虹抱着被自己撕碎却被妈妈小心翼翼粘起来的母亲的画像，意识到自己才是最自私的人，妈妈为她付出了所有，即使是生命的最后一天。她理解了母亲对自己的爱，但是想要亲口向母亲道歉，却再也没有机会。影片《那些没有机会说的抱歉》以微电影的形式，呼吁人们要与家人多沟通、多交流。树欲静而风不止，子欲养而亲不待，每个人的生命都是短暂的，要学会沟通、学会理解，争取不给人生留下遗憾。

课程应用

根据微电影主题，《那些没有机会说的抱歉》可以运用到“思想道德修养与法律基础”（以下简称“德法”）课中。

在“德法”课教学中，我们会讲到中华传统美德和公民道德建设。中华传统美德内容丰富、博大精深，是人类文明发展的重要精神财富，蕴含着丰富的思想道德资源。提倡人伦价值、重视道德义务就是其重要内容。中华传统美德的一个重要特点，就是它非常重视每个人在人伦关系中的地位和价值，强调每个人都必须根据规范的要求尽自己的义务。同时，社会的和谐发展也需要每一位公民自觉遵守公民道德。公民道德建设，对于提高人民思想觉悟、道德水准、文明素养，提高全社会文明程度，具有至关重要的作用。家庭美德作为公民道德的重要组成部分，对人的健康成长有着不可忽视的影响。家庭是社会的基本细胞，是人生的第一所学校。无论身处什么时代和环境，都要重视家庭建设，注重家庭、家教、家风。注重家庭建设，才能家庭和睦、社会安定、社会祥和；注重家教，才能提升家庭成员的道德品质，促进子女的健康成长；注重家风，才能提升家庭成员的个人修养，促进整个社会道德风尚的形成。大学生作为中国特色社会主义事业的建设者和接班人，要自觉传承中华传统美德，讲道德、守道德，加强品德修养，努力做到向上向善、孝老爱亲，忠于祖国、忠于人民。

微电影《那些没有机会说的抱歉》从亲情入手，展现了一个家庭中母女二人感人的亲情故事。这对母女由于沟通不畅而引发误会，直到母亲去世女儿才幡然醒悟，能够引发人们对于亲情的思考。无论是母亲默默奉献却缺乏表达的无声之爱，还是女儿心疼体谅却缺少理解的后知后觉之爱，都向我们展示了家庭建设、家风、家教的重要性。本影片能够充分引起大学生对于亲情的思考和共鸣。爱不仅是索取，更需要付出，爱需要理解、需要包容，更需要表达和沟通。父母是孩子的第一任老师，不仅需要教会孩子要心存爱意，更要以身作则，善于选择适合的方式表达爱，这样才能家庭幸福、社会和谐。因此，以此为线索，把思政课本上的理论知识通过微电影的形式转化为生动的教学素材，有利于让大学生更直观、生动地学习理论知识，并把理论知识转化为实践，引发大学生对亲情问题进行深度思考，从自身出发，反思自己身上存在的缺点和不足，思考今后如何与父母更好地相处，更好地向父母表达爱意。同时，本影片也试图引导当代大学生关注社会热点问题，并从所学专业出发，反思自己，为更好地解决家庭关系问题提出具有可操作性的意见和建议，自觉继承并弘扬中华传统美德。这一点恰恰在微电影课程反馈中得到很好的印证。微电影《那些没有机会说的抱歉》引发了同学们的深思，绝大多数同学在为故事主人公感到惋惜的同时，也反思了自己在处理与父母的关系中存在的问题，受到了很大启发。

课程反馈

为了实现实践教学成果向理论教学课堂的延伸和应用，充分发挥优秀微电影作品反哺教学课堂的功能，进一步推进微电影教学改革向纵深方向发展，我们将微电影《那些没有机会说的抱歉》在“德法”课中进行了应用尝试。从同学们的反馈来看，大家从不同视角、不同维度对《那些没有机会说的抱歉》进行了立体解读和深入思考，达到了本片预想的效果。

从父母的角度来看，有的同学指出，影片从女儿和母亲产生矛盾开始，到矛盾激化，再到最终遗憾的产生，这其中所透露的核心不过两个字——沟通。母亲没有和女儿说过自己的难处，女儿也没有真正理解母亲。但是，母女二人并非没有感情。从影片中我们了解到，母亲很爱她的女儿，只是不善于表达，导致她和孩子之间产生了误会。彼此之间缺少沟通，才造成彼此的遗憾，如果其中一个人能够及时沟通，结局就会不一样。父母的爱是无私的，如果说孩子是一只自由飞翔的风筝，那父母期盼的目光就是那根不会断的线，牵挂着他，惦念着他，祝福着他。与此同时，作为父母也要学会如何表达爱意，要经常和子女沟通交流，了解孩子的真正想法，尊重孩子、理解孩子，时常向孩子表达爱意，这样孩子才能健康成长，家庭才能和和睦睦。

从子女的角度来看，有的同学对微电影中女孩儿的内心独白深有同感，“我妈一点儿也不爱我，她从来都没有时间关心我，她从来不认真听我说，我从来没有像别人一样有过生日蛋糕”。我们也通过独白了解了女孩内心的真实想法。但是，女儿并非不爱母亲，女儿辛苦兼职赚钱，想帮妈妈分担压力，却因为与母亲缺少沟通与理解，直到母亲去世才理解了母亲对自己的爱，但是那一句抱歉却再也没机会说出口了。父母与子女之间难免会存在矛盾，遇到事情子女应该与父母多多沟通交流，这样才能关系融洽、家庭幸福。

从学生的直观感受来看，同学们看完微电影《那些没有机会说的抱歉》后深有感触，有的同学说：“当看到母亲给女儿存钱，包括那一个没有来得及存的‘电脑’字样时，我顿时内心一震，那一瞬间，我感同身受却无能为力。”有的学生提出，爱需要沟通和理解，作为子女，我们要多表达自己内心的想法。多一些沟通就多一分理解，少一些误会。爱是需要表达和沟通的，缺少沟通的爱是不完整的，缺少理解的爱是没有温度的。有的同学感叹，人生是无法重来的，我们能做的就是珍惜当下，珍惜每一份真情。有的同学倡议，爱就要大声说出来，不要因为缺少沟通而留下永远的遗憾。我们应该善待和珍惜那些爱你的人，别等到失去才追悔莫及。

视频链接：http://www.bjcipt.com/jqp/24596.html.

《如果有如果》

微影简介

微电影《如果有如果》，荣获2015年河北大学第二届“启航杯”思想政治理论课微电影大赛二等奖。本片围绕学习、爱情、友情三个话题，通过对比，从正反两个方面讲述了人生没有如果，要珍惜生活、珍惜爱情、珍惜友情的故事。影片的第一个小故事以学习为主题。影片主人公媛媛在开考前竟然不知道考哪一科，考试过程中，媛媛心慌地翻着试题册，看着大家认真答题的身影后悔不已。媛媛想象，如果有如果，她一定认真复习，这样她就能在考场上认真答题，取得好成绩，也能像别人一样分享喜悦。这个小故事警示我们：人生没有如果，努力才会有收获。影片的第二个小故事以爱情为主题。故事发生在情人节，影片主人公王聪因为男朋友高俊山送给自己不喜欢的毛绒玩具而生气吵架，愤然离开。当王聪看到别的情侣收到礼物开心的情形，她想，如果有如果，她会收下男朋友的礼物，开心地和他过情人节。这个小故事提醒我们：爱情没有如果，包容才能美好。影片的第三个小故事以友情为主题。故事发生在大学宿舍，大家提议去唱歌，故事主人公刘雪拒绝了这个提议，韩坤见状也拒绝了。起因是几天前韩坤在睡觉时，刘雪和家人打电话吵醒了韩坤，两人发生了争吵，刘雪摔门离去。如果有如果，韩坤会用温和的态度提醒刘雪放低音量，而刘雪也会接受韩坤的建议去宿舍外面接电话，两人和好如初。这个小故事告诉我们：友情没有如果，体谅才能长久。影片《如果有如果》以微电影的形式告诉人们，人生不能重来，岁月不能重返，我们每一次的选择，每一次的思考，每一次在迎接挑战之前的权衡，都有着非常重要的现实意义。人生没有如果，做任何事之前，请三思而后行。本影片旨在呼吁大学生珍惜生活、把握时光、掌握人生！美好的人生目标要靠社会实践才能转化为现实。大学生要在科学人生观的指引下，规划自己的人生目标，坚持积极进取、乐观向上、拼搏努力的人生态度，努力实现自己的人生价值，正确对待人生矛盾，努力提升人生境界，成就出彩人生。

课程应用

根据微电影主题，《如果有如果》可以运用在“德法”课中。

在“德法”课教学中，我们会讲到人生观的相关内容。人生观是人们关于人生目的、人生态度、人生价值等问题的总观点和总看法。人生观决定着人生道路的方向，也决定着人们的价值取向和对待生活的方式。因此，有什么样的人生观就会有什么样的人生。人生观的主要内容包括人生目的、人生态度和人生价值。人生目的是人为了什么活着，人生态度是人应当如何活着，人生价值是什么样的人生才有价值。这三个方面相互联系、相辅相成，统一为一个有机整体。大学阶段，是人生发展的重要时期，是世界观、人生观、价值观形成的关键时期。怎样处理好理想与现实、个人与集体、竞争与合作、权利与义务、自由与纪律、友谊与爱情、学习与工作等方面的关系，做什么样的人，怎样做人，怎样的生活才有意义，怎样的人生追求才有价值等，这一系列的人生课题，都需要大学生去观察、思考、选择、实践。党的十九大提出了“培养担当民族复兴大任的时代新人”的战略要求。怎样才能不虚度人生，这是萦绕在每一位大学生心头的青春之问。面对世界深刻复杂的变化，面对信息时代各种思潮的相互激荡，面对纷繁多样的社会现象，面对学业、情感、职业选择等多方面的考量，大学生要学会在科学理论指导下，树立正确的人生观，以有理想、有本领、有担当为根本要求，着力提升思想道德素质和法治素养，把自己的人生追求同国家发展进步、人民伟大实践紧密结合起来，通过不懈努力实现人生价值，努力成为中国特色社会主义事业的合格建设者和可靠接班人。

微电影《如果有如果》围绕学习、爱情、友情三个主题，从生活中的小事入手，向我们展示了大学生活中每一位同学都可能会遇到的问题。本影片从细节出发，贴近大学生的实际生活，并通过三个反面实例，促使大学生思考在今后的生活中坚持什么样的学习态度，秉持什么样的爱情观，如何与同学、朋友相处，引导大学生严肃认真地思考人生，努力领悟人生的真谛，选择正确的人生道路。由于受国内外各种错误思潮、腐朽观念等因素的影响，现实中还存在拜金主义、享乐主义和极端个人主义等错误观念。这些错误观念很容易侵蚀大学生的心灵，不利于大学生树立正确的人生观、价值观。本影片通过想象人生如果有如果，向我们展示了人生的不可逆性，有利于大学生珍惜时光、珍惜爱情、珍惜友情，正确认识和处理生活中各种各样的问题，保持认真务实、乐观向上、积极进取的人生态度。本影片也试图激发大学生的学习热情，利用专业知识解决生活中遇到的困难，真正理解和体会思政课本中的内容，充分发挥思政课的育人功能，将理论知识转化为实践，养成积极进取的人生态度，提高思想道德素质和法治素养，走好人生之路，在实践中创造有意义的人生，自觉成长为担当民族复兴大任的时代新人。

课程反馈

为了实现实践教学成果向教学课堂的延伸和应用，充分发挥优秀微电影作品反哺教学课堂的功能，进一步深入推进微电影教学改革向纵深方向发展，我们将微电影《如果有如果》在“德法”课中进行了应用尝试。从同学们的反馈来看，大家从不同视角不同程度地对《如果有如果》进行了立体解读和深入思考，达到了本片预想的效果。

从学习角度来看，第一个片段讲了一个同学因不努力学习而期末考试失利的故事。如果有如果，影片中的主人公一定会努力学习，会拥有更美好的人生。但是，人生只有一次，世界上没有如果，错过了就不会重来。因此，在学习的过程中，我们应随时警醒自己，制订好自己的学习目标和学习计划。要提前做好准备，课上认真听讲，课后认真复习，这样就不会在考试的时候后悔。人生好似一张试卷，但这张试卷有些特殊，只要你落笔便不可更改。所以，当我们在书写人生这份答卷时，一定要慎重，切不可因一时冲动、一时之乐而犯下不可弥补的错误，让自己后悔一生。

从爱情角度来看，第二个片段讲述了女生不珍惜男友的感情，因自己任性而失去男友的故事。我们时常会以“要是当初”“如果当时”为开头来表示当初的遗憾甚至是悔恨，但机会不会再来，人生不会重演，与其悔恨当初，不如从现在开始，做事三思而后行。作为新时代的新青年，我们应该加强自我控制能力和自我管理能力，面对爱情，我们要彼此包容，只有双方相互尊重，感情才能更长久，不要等到失去了才懂得珍惜。当我们翻看人生试卷时，不要让自己只能用“如果有如果”来总结答卷。

从友情角度来看，第三个片段讲述了宿舍同学之间不能相互理解而友情破裂的故事。这个短片教给我们如何处理同学关系，如何与人交往。面对友情，我们应该多一些理解和包容，多一些体谅和尊重。

影片促使大家进行了深刻的反思，面对学习、爱情、友情，是否全力以赴、精心呵护、宽容理解，答案或许是否定的。因此，在今后的生活中，我们要保持乐观向上的生活态度，怀一颗宽容的心，珍惜友情、珍惜眼前的一切。在我们的成长道路上，“如果”这个词时常出现，事前是可以有如果的，事后是没有如果的。但是，倘若我们在做决定之前，多一点“事前如果”的思考，就能少一些“事后如果”的遗憾。

视频链接：http://hbutv.hbu.cn/2016/0923/10991.shtml.

《孝“新”》

微影简介

微电影《孝“新”》，荣获2015年河北大学第二届“启航杯”思想政治理论课微电影大赛一等奖。本片围绕我国社会发展中的热点问题——农村养老问题，通过描述一个农村家庭因赡养老人问题而产生的矛盾纠纷，反映当代农村对待现代养老机构的一些疑惑，也展现了两代人在这个问题上的思想碰撞。本片直击农村养老这一社会现实问题，体现出当代大学生对待养老中心的积极态度和现代生活理念。影片的开头，小芳的爷爷去世了，一家人面临着如何赡养奶奶的问题。小芳的爸爸、妈妈、婶子和姑姑一家人商量奶奶的赡养问题，因谁赡养老人、如何赡养老人的问题产生矛盾。在小芳与朋友的聊天中，小芳向朋友说出自己的困扰，因为家人工作繁忙，小芳想把奶奶送到敬老院，担心家人不同意。在朋友的建议下，小芳和爸爸商量此事，在商量的过程中，婶子来到家中送养老钱，一开始爸爸和婶子强烈反对，担心村里人说闲话，也担心花销太大，后来在小芳的耐心劝导下，爸爸和婶子同意征求奶奶的意见。奶奶开始不想去养老院，爸爸想放弃外出打工照顾母亲，一家人又发生了争吵。最后，奶奶同意去养老院。奶奶来到了养老院，发现生活环境舒适，便逐渐改变了之前的想法。在小芳的劝说以及电视新闻的报道下，爸爸妈妈越来越了解农村养老机构，也同意了去养老机构养老的意见。百善孝为先，孝道是中国传统社会十分重视的道德规范，也是中华民族的传统美德。当今社会发生着日新月异的变化，孝的表现形式也在不断变化，新时期要赋予孝道新的内涵。《孝“新”》以微电影的形式引起人们对农村养老问题的重视，呼吁人们弘扬中华民族的传统美德——孝道，不断提高自身的思想道德修养，推动城乡养老设施的建设和完善，响应国家扶持农村的新养老政策。

课程应用

根据微电影主题，《孝“新”》可以运用在“概论”课和“德法”课中。

在“概论”课教学中，我们会讲到民生是人民幸福之基、社会和谐之本。党带领人民群众创造幸福生活，要顺应人民群众对美好生活的向往，坚持以人民为中心的发展思想，以保障和改善民生为重点，发展各项社会事业。保障和改善民生是一项长期工作，要抓住人民最关心、最直接、最现实的利益问题，其中农村养老问题就是需要重点关注的一个问题。随着我国人口老龄化问题的加剧，养老问题引起人们的广泛关注，尤其是农村养老问题。目前，我国农村养老不再是单一的家庭养老，而是以家庭养老为主，其他养老方式为辅的多元化养老。但是，农村养老会受到城乡二元社会经济结构、计划生育政策、城乡发展不平衡等因素的影响，进而制约了国家养老政策的推行。微电影《孝“新”》恰好从家庭这个小切口入手，向我们展示了农村养老问题的现状以及变化。影片中父辈对于把奶奶送去养老院的建议，从开始的强烈反对到持怀疑态度，再到最后的理解支持，生动地展示了人们对于国家养老政策的理解和支持的过程，也反映了当下我国对农村养老的扶持和农村养老形式的新变化，进而引起人们对于农村养老问题的关注，普及和宣传国家养老政策。因此，影片以此为线索，通过故事冲突激发大学生的学习兴趣，思考农村养老存在的问题和解决措施，有利于宣传国家的养老政策。同时，本影片也试图引发当代大学生对社会热点问题的关注和思考，并对相关问题提出可行性建议，将所学的理论知识转化为实际行动，加深对课本内容的理解。

微电影《孝“新”》除了可以应用在“概论”课教学之外，还可以应用于“德法”课教学中。尊崇孝道是中华民族的传统美德，同时也是一个永恒的话题。我国自古以来就倡导“老有所终，幼有所养”，子女要孝敬、赡养父母及长辈，父母要抚育、爱护子女，这不仅是每个公民都要遵守的道德准则，也是应尽的社会责任和法律义务。我们每个人都处在一个个小家庭中，千千万万个家庭是国家发展、民族进步、社会和谐的重要基点。家庭和睦则社会安定，家庭幸福则社会祥和，家庭文明则社会文明。微电影《孝“新”》从一个普通的农村家庭入手，通过一家人对奶奶养老问题的不同态度，展现了我国农村养老问题的现状，进而引起人们对农村养老问题的广泛关注。当下孝道的表现形式也在不断变化，有日常的陪伴，有温暖的问候，也有心中默默的牵挂。同样，社区养老不失为一种新途径，同样可以表达孝心，传承中华民族的传统美德。这部微电影展现了当今时代的新孝道，能够吸引大学生关注社会热点问题，转变思维方式，引发大学生进行深度思考。本影片展现了新时代赋予孝道的新内涵，能够很好地引发大学生对农村养老问题的关注，加深对孝道的理解。同时，本片也可以引导大学生自觉传承中华民族传统美德，自觉投身于实践，积极参与家庭文明建设，推动形成爱国爱家、相亲相爱、向上向善、共建共享的社会主义家庭文明新风尚。

课程反馈

为了实现实践教学成果向教学课堂的延伸和应用，充分发挥优秀微电影作品反哺教学课堂的功能，进一步深入推进微电影教学改革向纵深方向发展，我们将微电影《孝“新”》在“德法”课和“概论”课中进行了应用尝试。从同学们的反馈来看，大家从不同视角、不同维度，不同程度地对《孝“新”》进行了立体解读和深入思考，达到了本片预想的效果。

从社会发展的维度看，有学生指出，随着人口老龄化程度的不断加深，养老问题日益为公众所关注。当前中国年轻人生活压力大，上要顾老下要顾小，而这也是中国社会发展的一个必经阶段。那么，年轻人如何尽孝，老人应该如何赡养？这都是社会发展中的重要问题。因此，为充分保障人民的利益，国家采取了多种措施来解决当下老年人的赡养问题，例如整合社区资源、构建社区养老生活共同体等。这些举措都是中国共产党领导下的中国政府为解决社会问题而做出的努力，是建设中国特色社会主义、实现民生福祉的重要举措。

从人们对养老问题的认知来看，有的同学提出，人们对于社会养老仍然存有一定偏见。在影片中，年轻人和祖辈父辈之间就是否把老人送进养老院也产生了矛盾。年轻人认为养老院条件好，有人照顾；长辈们则会因为传统的观念不让老人去养老院。在老一辈的观念中，送老人去养老院会有失颜面。由此可见，新一辈对养老院有着比较理性的态度。随着城乡养老设施的建设和完善，会有越来越多的人支持国家的养老政策，进而推动国家扶持农村的新养老政策的实施。

从同学们的直观感受来看，有的同学提出，该微电影通过一家一户的小事，以小见大，是当下中国家庭老人赡养问题的真实写照，也体现出政府对人民群众幸福生活的关切。有的同学认为，社区养老既符合中华民族的传统伦理道德，又节约了社会资源。还有同学认为，只要子女真正关心、照顾老人，不管老人是否在养老院，都是子女尽孝的体现。还有同学提出，我们每个人都应该多陪伴老人，用实际行动表达孝心。有的同学还呼吁，我们要自觉传承中华民族的传统美德，同时也要转变思想观念，为国家发展贡献青春力量。

视频链接：http://hbutv.hbu.cn/2016/0923/11005.shtml.

《匠心独运　写意人生》

微影简介

《匠心独运　写意人生》，荣获 2018 年“繁星奖”河北大学思政课微电影大赛一等奖。本片以纪录片的形式介绍了保定三宝之一的铁球刻花技艺，向人们展示了铁球刻花的历史传承。首先，影片介绍了保定铁球的历史渊源、种类和刻花工艺等内容。保定拥有历史文化古城浓郁的文化底蕴，坊间流传这样一句谚语：“保定有三宝，铁球、面酱、春不老”，而首宝就是广受人们喜爱的铁球。铁球可分为普通电镀铁球、景泰蓝保健球、高档雕刻铁球、高档手绘铁球，其中雕刻铁球中的手工刻花技艺可谓是整套工序中最重要的环节。其次，影片介绍了铁球刻花的工序流程、主要作品。铁球的制作工艺独特，工艺流程主要包括选球、上色、绘图、刻印、细雕、抛光、电镀七道工序。铁球的雕刻题材包括人物、花草、动物等，具有图案精美、立体感强、品种多样、耐磨损等特点。最后，影片对铁球刻花技艺的传承人杨俊青师傅做了专访。2013 年，杨俊青被评为市级非物质文化遗产传承人。专访介绍了杨师傅学习铁球刻花的缘由、学习历程、雕刻技艺、参会感受以及在工作中遇到的困难等。随后，杨师傅在雕刻铁球的过程中向大家展示了如何选球、上色、选择合适的雕刻工具等，展现了杨师傅精湛的雕刻技艺。同时，作为非遗传承人，杨师傅呼吁全社会共同关注非物质文化遗产，希望健身铁球能够得到更多人的关注，不仅老年人、中年人去玩，也呼吁年轻人尝试这些对身体有益的健身器物。如今，现代科技飞速发展，传统手工业备受冲击，机械化铁球生产企业如雨后春笋般兴起，比起机械化大批量生产，传统手工刻花技艺更彰显了中华文化独有的魅力。它们是一种特殊符号，是一种深厚的文化底蕴，更是我国民族精神的象征。非物质文化遗产不应该在科技日新月异的今天被淘汰，我们要做好传承和发扬工作，使中华优秀传统文化越来越辉煌。

课程应用

根据微电影主题，《匠心独运　写意人生》可以运用在“概论”课和“德法”课中。

在“概论”课教学中，我们会讲到建设社会主义文化强国。文化是一个国家、一个民族的灵魂，是人民的精神家园。实现中华民族伟大复兴，迫切需要我国由一个文化大国转变成为文化强国，这是中华民族几千年文化积淀赋予我们的历史使命。我国有着悠久的历史传统和深厚的文化底蕴，我们要深刻认识我国文化发展的历史和现状，坚定文化自信，在传承中华优秀传统文化的基础上发展社会主义先进文化，加快建设社会主义文化强国。建设社会主义文化强国，必须提高国家文化软实力，要努力弘扬中华文化，推进中华文化创新发展，展示中华文化魅力，夯实国家文化软实力的根基。保护和利用好非物质文化遗产，对于传承和繁荣中华优秀传统文化意义重大。习近平总书记指出，坚持全民行动、干部带头，从家庭做起，从娃娃抓起。深入挖掘中华优秀传统文化蕴含的思想观念、人文精神、道德规范，结合时代要求继承创新，让中华文化展现出永久魅力和时代风采。

本影片以保定铁球刻花为线索，展现了保定铁球刻花的发展历程、作品种类以及在传承过程中遇到的困难。同时，创作者也试图通过该片引发当代大学生对于传承中国传统文化的关注和思考，探讨传统文化传承方面的意见和建议，将所学思政课内容转化为实际行动。面对目前我国部分非物质文化遗产面临失传的风险，此片也呼吁大学生关注非物质文化遗产的传承，自觉加入到非物质文化遗产保护的队伍中来，为传承中华民族传统文化提供助力。

微电影《匠心独运　写意人生》，除了可以应用在“概论”课中，还可以重点应用在“德法”课教学中。在“德法”课教学中，我们会讲到公民道德建设。在公民道德建设中，职业道德是其重要组成部分。职业生活中的道德规范，不仅对各行各业的从业者具有引导和约束作用，而且也是促进社会健康有序发展的必要条件。职业生活中的道德规范包括爱岗敬业、诚实守信、办事公道、服务群众和奉献社会等。爱岗敬业反映的是从业人员对待自己职业的一种态度，也是一种内在的道德需要。爱岗敬业需要有强烈的事业心、勤勉的工作态度以及扎实的专业知识。奉献社会就是要求从业人员在自己的工作岗位上，树立奉献社会的职业精神，并通过兢兢业业的工作，自觉为社会和他人做贡献。微电影《匠心独运　写意人生》展现了铁球刻花技艺传承人杨俊青身上爱岗敬业、奉献社会的精神。无论是家人的反对，还是长时间灯下作业带来的病痛，都没有让他放弃铁球刻花事业，他始终坚持干一行爱一行、爱一行钻一行，精益求精，尽职尽责地传承中华优秀传统文化，立志把保定铁球刻花这项非遗文化传承下去。本影片也试图让大学生深刻领悟匠人精神，学习杨俊青师傅身上爱岗敬业、奉献社会、坚持不懈的精神，引导大学生树立正确的职业观，同时自觉传承中华民族传统文化，做新时代中华优秀传统文化的继承者和弘扬者。

课程反馈

为了实现实践教学成果向教学课堂的延伸和应用，充分发挥优秀微电影作品反哺教学课堂的功能，进一步深入推进微电影教学改革向纵深方向发展，我们将微电影《匠心独运　写意人生》在“德法”课中进行了应用尝试。从同学们的反馈来看，大家从不同视角、不同维度，不同程度地对《匠心独运　写意人生》进行了立体解读和深入思考，达到了本片预想的效果。

从传统文化的传承角度看，有同学指出，非物质文化遗产是中华优秀传统文化，它是珍贵的，也是重要的文化信息资源。微电影主要讲的是中国传统文化保定三宝之一——铁球刻花，讲述了工匠杨俊青师傅对保定铁球的精雕细琢，并从铁球的历史传承、制作流程、铁球的工艺价值等方面介绍了铁球刻花工艺。铁球刻花技艺是众多非物质文化遗产中的一种，是中华文化绚烂的瑰宝。如今，非物质文化遗产的传承很难，短时间内很难见到效益、招徒困难、大规模机器生产等都影响了非遗的传承。但是，中国几千年来的智慧结晶不仅是我们自己的宝贵财富，同时也是世界的宝贵财富，作为中国人，更是应该尽自己最大的努力去保护、继承和发展，不要让它们没落在我们的时代。电影的最后，杨师傅也提到，非物质文化遗产的传承需要每个人去努力，需要更多人加入非物质文化遗产保护的队伍，因为，这是我们中国的传统文化，需要我们共同守护。

从非遗传承人的角度来看，当了解到杨师傅从小就学习铁球刻花技艺的时候，同学们便被他坚持不懈的精神感动了。杨俊青作为铁球刻花技艺的非遗传承人，虽然长时间的灯下作业对眼睛、颈椎、腰椎都有很大的损伤，但是他始终坚持着手工刻花，将一个个普通的铁球，转化为匠心独具的艺术品，将惊天动地的美刻进了永垂不朽的岁月。影片里，杨俊青师傅用钉子一点一点在铁球上刻下栩栩如生的纹路，他的手都有非常明显的凹陷痕迹，同学们也由此感受到非物质文化遗产传承的艰辛。当看到杨老师拿着刀具全神贯注地刻花时，当观赏到无数件匠心独具的作品时，同学们也真切地体会到中华传统文化的魅力和非物质文化遗产的珍贵。杨师傅在传承非物质文化遗产的同时也不断创新，他潜心创作、持之以恒的工匠精神更是给青年人树立了榜样。

从同学们的直观感受和身体力行的角度看，有的同学指出，这门艺术包含着几代人的心血。有的同学提出，在现代社会，传统手工艺如何走向新一代青年，如何立足于传统元素，设计出符合年轻人审美和时尚潮流的作品，是需要思考的核心问题。有的同学希望包括铁球刻花技艺在内的所有非物质文化遗产都能够得到好的传承与发扬，不要让优秀的中华传统文化逐渐湮灭在历史长河中。作为年轻一代的我们，要勇于承担起传承优秀传统文化的重任，将身边的优秀传统文化发扬光大，让中华优秀传统文化展现出应有的魅力。我们不仅要学习先进的科学技术，也要挖掘和弘扬中华优秀传统文化精髓，做一个全面发展的人。

视频链接：http://hbutv.hbu.cn/2018/0130/13589.shtml.

三、红色文化主题微电影应用

《曙光》

微影简介

微电影《曙光》，荣获2017年河北大学思政课微电影大赛一等奖。影片以纪实的形式，立足当下，通过对全国爱国主义教育基地——晋察冀边区革命纪念馆（原保定城南庄革命纪念馆）的实地参观考察，讲述了毛泽东率领中共中央机关从陕北来到晋察冀边区的阜平县城南庄，并在此召开中共中央书记处扩大会议，调整南线战略这一段历史。影片以今日的阜平为铺垫，引出当年在这里发生的革命事迹。影片从一位来自城南庄的退役老兵赵大爷开始。赵大爷在闲暇之余，经常去晋察冀边区革命纪念馆看一看。接下来，影片展现了晋察冀边区革命纪念馆的现状，包括地理位置、占地面积、建立时间、馆内建筑等，让人忍不住回忆起当年发生在这里的故事。1948年，毛泽东在这里召开了中共中央书记处扩大会议，调整了南线战略，为三大战役的胜利奠定了坚实的基础。在这里，毛泽东主席还经历了最危险的一次轰炸。赵大爷边回忆边讲述了毛主席那次遇险的原因、经过及诸多细节，主席遇险的惊险场面仿佛还在眼前。影片接近尾声的时候，记录了一位偶遇的94岁红色革命军妇女队长，她与已逝的革命先烈一样，把一生都献给了国家，让我们感受到了革命英雄的坚定信仰，革命胜利的来之不易。《曙光》以微电影的形式，通过对革命圣地的拜访、对先烈的缅怀，以当代青年的崇敬之心，向老一辈无产阶级革命家致敬，从而让当代青年重温红色历史，从红色故事中汲取红色养料，传承红色文化。

课程应用

根据微电影主题，《曙光》可以运用在“中国近现代史纲要”（以下简称“纲要”）课和“概论”课中。

在“纲要”课教学中，我们会讲到在外无民族独立、内无人民解放的旧中国，中国共产党为实现民族独立和人民解放而进行的艰苦斗争。大学生是祖国未来发展的主力军，为了肩负起建设祖国的重任，不仅要了解中国的今天，还应当了解中国的历史。中国共产党在解放战争时期的斗争与探索为中国人民留下了宝贵的精神财富，是新时代进行社会主义现代化建设的根基。晋察冀边区革命纪念馆作为全国爱国主义教育示范基地之一，保留了战争年代革命家所留下的印记。区别于一线城市所设立的风景区或旅游胜地，这里是承载着红色文化的纪念馆。在经济迅速发展的今天，如何让红色文化与校园文化相结合，如何提高大学生对红色文化的关注度，是值得思考和关注的问题。微电影《曙光》通过对晋察冀边区革命纪念馆的真实拍摄，让同学们看到了当时人们生活条件的艰苦和战争的残酷。通过退伍老兵回忆毛主席遇险的过程，让同学们感受到无产阶级革命家不惧艰险、勇敢无畏的革命精神。《曙光》从革命故事出发，帮助学生自觉地继承和发扬近代以来中国人民的爱国主义精神和革命传统，进一步增强学生实现中华民族伟大复兴的责任感和使命感。

微电影《曙光》除了可以应用在“纲要”课教学中，还可以重点应用在“概论”课教学中。在“概论”课教学中，我们会讲到新中国成立前，以毛泽东为代表的老一辈无产阶级革命家，领导人民进行新民主主义革命的历史进程以及所取得的理论成果，主要是毛泽东思想中的新民主主义革命理论。学习“概论”课的目的不仅仅在于让学生记住理论知识，更应着眼于学生的价值观层面，帮助学生树立正确的人生观、价值观，培养他们深厚的爱国主义情怀和高度的社会责任感，使之成为勤于思考、积极进取、勇于奉献的优秀人才。在科技飞速发展的当今社会，如何让学生在掌握理论知识的同时切身感受到革命先烈的爱国情怀、如何让学生将“爱国之情”转化为“爱国之行”是值得探讨的问题。而微电影《曙光》，通过对晋察冀边区革命纪念馆这一爱国主义教育基地的真实记录，以视频的形式穿插革命家的英雄事迹，对学生理解理论、消化理论、吃透理论起到一定的促进作用。从毛主席生活过的旧居和防空洞的样貌中，感受新中国的来之不易和革命先烈的崇高情怀，将爱国之情永驻心间。

课程反馈

为了实现实践教学成果向教学课堂的延伸和应用，充分发挥优秀微电影作品反哺教学课堂的功能，进一步深入推进微电影教学改革向纵深方向发展，我们将微电影《曙光》分别在“纲要”课和“概论”课中进行了应用尝试。从同学们的反馈来看，大家从不同视角、不同维度，不同程度地对《曙光》进行了立体解读和深入思考。

从国家和社会的发展维度看，有同学认为，没有共产党，就没有新中国，作为社会主义的接班人，应该学习共产党人不畏艰苦、勇往直前的精神。有同学说，要听从党的领导，不断地完善自己，立志以后为国家贡献自己的一份力量。还有同学强调，自己有一种说不出的感动，是先辈们把希望的曙光带给了我们，把希望寄托在我们这一代人身上，我们一定要铭记历史，学好文化知识，为祖国的发展贡献自己的力量，把国家建设得繁荣昌盛。

从红色思想传承的维度看，有同学认为，学习红色革命思想，能够使我们深切感受老一辈无产阶级革命家的美好愿望，我们应该传承红色革命思想，并通过自身对于思想的深入了解使之不断传承下去。还有的同学认为，从小就开展爱国主义教育是必不可少的，红色文化学习应该伴随终身。

从同学们的直观感受和身体力行角度看，有同学指出，通过这部以史实为基础的影片，我们明白了什么是革命精神，什么是人民战士，他们对国家奉献了自己的一切。看完视频，同学们越发感受到如今的生活来之不易，没有这些革命先辈的努力，就没有我们如今的和平生活。有同学认为，我们不能忘记革命先辈们对中国革命最后胜利做出的贡献，我们需要缅怀他们，向他们致敬。

视频链接：http://hbutv.hbu.cn/2016/0923/11003.shtml.

《缅怀历史——冉庄地道战》

微影简介

微电影《缅怀历史——冉庄地道战》，荣获 2018 年“繁星奖”河北大学思政课微电影大赛一等奖。影片主要围绕河北省保定市清苑区冉庄地道战遗址展开。该遗址记录了抗日战争时期冀中人民在中国共产党的领导下，为了粉碎日本侵略者的“扫荡”，利用地道战打击日本侵略者的故事。影片开头介绍了冉庄的位置，展现了村落的当今样貌以及 70 多年前这里的人们通过开展地道战取得的抗日佳绩。影片分为三大板块：历史概况陈述、参观地道战纪念馆和参观地道实体。第一板块对地道战战略战术开展的历史背景进行了简要说明，为参观地道战纪念馆和实体地道做了铺垫。第二板块就是参观地道战纪念馆。纪念馆由两部分构成。第一部分介绍了卢沟桥事变，以及在冀中沦陷后冀中八路军奋勇抗战的英雄事迹。第二部分介绍了地道战的开展过程和应用方式，通过馆内陈列的照片再现了当年民兵生活和战斗的场景；模范村旌旗诉说着冉庄“抗日模范村”名字的由来；地下兵工厂真实再现了地下兵工厂的分工和民兵自制的用来轰击敌人的榆木炮。第三板块是参观实体地道。先是通过馆内模型、图片解说了地道线路的分布和地道类型；再结合电影《地道战》展示地道内部的状况和作战优势；最后介绍了当年民兵作战用以报警的村头古槐，再现古槐的使用场景和地道战具体作战过程，展现了冉庄民兵的机智勇敢。冉庄村头儿的老槐树、饱经风霜的古钟、陈旧斑驳的磨坊、渐被风化的石碾以及隐于墙角的枪眼都深深吸引着我们，牵引着我们的心。《缅怀历史——冉庄地道战》通过对历史的回顾，配合人员解说，穿插电影《地道战》的情景和对现今冉庄地道战遗址的记录，向我们再现了冀中人民团结一致、艰苦奋斗、共同抗敌的历史。在艰苦的战争岁月里，那种不抛弃、不放弃、不服输的革命精神，将永远激励我们，同时也让我们深深感受到中国革命胜利的来之不易。

课程应用

根据微电影主题，《缅怀历史——冉庄地道战》可以运用在“纲要”课和“概论”课中。

在“纲要”课教学中，我们会讲到自九一八事变后，面对日本的野蛮侵略，中国人民在共产党的领导下毅然奋起、英勇抵抗，进行了长达十四年的艰苦卓绝的抗日战争。在祖国存亡危急的关头，中华儿女表现了空前的民族觉醒和民族团结意识，以自己的血肉之躯筑成了捍卫祖国的钢铁长城。如何增强“纲要”课的亲和力，将几十年前的事件用学生听得懂的方式进行讲解，如何增强“纲要”课的实效性，让学生记住历史，是值得关注的问题。“纲要”课不只是让学生记住知识，而是培养学生的爱国情感，引导学生关注国家发展的历史。其中，位于河北省保定市清苑区的冉庄地道战遗址，记录了冀中人民运用新型战略战术顽强抗战的历史，对引领人们回顾历史、体会抗日情怀起到了一定的作用。微电影《缅怀历史——冉庄地道战》通过对冉庄地道战遗址的真实拍摄，详细介绍了地道战的形成、优势，以及取得的成绩，以学生听得懂、记得住的方式，提升了“纲要”课的亲和力和实效性。通过冉庄的大院、石磨，还有树上的钟，真实还原作战场景，引导学生不忘历史，体会革命胜利的来之不易，从而提升家国情怀，勇担家国责任。

微电影《缅怀历史——冉庄地道战》除了可以应用在“纲要”课教学中，还可以应用在“概论”课教学中。在“概论”课教学中，我们会讲到在革命、建设和改革的历史进程中，马克思主义中国化的两次历史性飞跃。其中第一次飞跃是发生在新民主主义革命时期的毛泽东思想。在毛泽东思想的指导下，我们党团结带领中国人民进行了长达十四年之久的抗日战争，打败了日本帝国主义。如何增强马克思主义中国化理论成果的亲和力，如何在讲授理论的同时增强学生爱国情感、提升红色文化感染力，是值得关注的问题。在培养大学生爱国主义精神、学习红色历史文化知识的过程中，历史与现实的差距可能会影响大学生对红色文化的兴趣度，这对学生深入了解红色文化、革命精神是不利的。而微电影《缅怀历史——冉庄地道战》以学生为讲述者，将历史与现实、理论与实践、教育者与受教育者有机结合，以潜移默化的方式使学生在学习过程中化被动为主动，对于引导学生坚定马克思主义理想信念、厚植爱国主义情怀具有积极作用。这种教师讲授与微电影结合的教学模式，与单一的课堂理论教学相比，更易于学生理解和接受，充分体现了“学生主体、教师主导”的教学理念。

课程反馈

为了实现实践教学成果向教学课堂的延伸和应用，充分发挥优秀微电影作品反哺教学课堂的功能，进一步深入推进微电影教学改革向纵深方向发展，我们将微电影《缅怀历史——冉庄地道战》分别在“纲要”课和“概论”课中进行了应用尝试。从同学们的反馈来看，大家从不同视角、不同维度，不同程度地对《缅怀历史——冉庄地道战》进行了立体解读和深入思考，达到了本片预想的效果。

从同学们的直观感受来看，有的同学体会到了抗日战争胜利果实的来之不易，心情久久不能平静，更加珍惜当今的幸福生活。还有的同学看到那段历史中英雄的就义词时，感触颇深，尤其是那句“山河未复志未酬”，使那种国仇未报身先殒的不甘与仇恨跃入眼前，直击人心。也有同学认为，应该学习革命先辈不怕苦、不怕累、团结一致的精神。

从同学们身体力行的角度看，有的同学认为，作为新时代的大学生，要以先辈为榜样，勿忘国耻，努力学习，为中华民族伟大复兴献出自己的一份力。有的同学认为，每个时代有每个时代的使命，我们将带着中国新时代青年的使命，奔赴未来。还有同学认为，今时今日，我辈要承先人之志，找到自己该做的事情，做好，做优秀，也是为祖国助力。

从体悟人民智慧和军民一心的角度看，有同学说，当看到地道的全长以及结构的错综复杂时，他感受到了当时环境的艰苦和中国人民的智慧。当看到视频中英姿飒爽的革命女战士，同学们顿时感受到巾帼不让须眉的气概。有的同学不仅赞叹冀中人民的智慧，也钦佩他们在艰苦的环境中顽强不屈的精神。还有同学感叹道，这样的地道也体现出了当时军民之间的深厚感情，因为它是由军民共同建造的。地道连接多个村庄，一方有难，八方支援，这些都使同学们感受到了当时冀中人民团结一致打击敌人的决心。

视频链接：http://www.bjcipt.com/jlp/24594.html.

四、社会热点主题微电影应用

《桥》

微影简介

微电影《桥》在2020年首届中国（南充）科普微电影大赛中荣获“院校单元”十佳影片奖，2019年荣获河北大学思政课微电影大赛一等奖。本片采用了剪纸定格动画的新形式，既突出表现了改革开放后通信领域的发展成果，又通过通信工具的变迁呈现了爱与温暖，拓展“桥”的桥梁纽带作用，从而进一步深化微电影所关注的社会变迁中爱的延续和发展的主题。整个故事围绕一个三口之家展开，以剪纸的形式，通过场景变换展现通信工具的变迁。对千千万万个这样的小家来说，通信工具就像一座桥，是连接亲情的纽带，而通信工具的变化让这座桥跨越了空间的局限，缩小了人们沟通的距离，使亲人的温暖近在咫尺。影片从2019年主人公偶然翻出的一封信开始，通过母亲的倾诉，将时间拉回到改革开放前的1975年。在那个生活困难、通信工具不发达的年代，母亲思念在部队服役的父亲，就托村里的文化人给父亲写信，厚厚的信笺中寄托着母亲对父亲的爱，一来一回漫长的信件等待中，溢满那个年代父母爱情的样子。父亲出门在外，母亲照顾一家老小，母亲用报喜不报忧的态度，安抚着父亲内心的惦念。改革开放后的1988年，村里安装了电话，父亲就开始用电话与家人联系。连接亲情的不再是简单的文字和符号，声音的温度不仅安抚了彼此思念的心灵，也拉近了父亲与家人的距离。无线电话出现后，其通信功能超出了母亲的想象，也激发了主人公试图通过自己的努力，让母亲感受新事物的信心。2005 年，已经工作了的主人公为父母买了那个时期最时尚的通信工具——小灵通。2015 年，手机视频中的父母，在辛苦了大半辈子后，终于可以享受生活，其中的一言一句都透露着子女与父母之间的爱。与影片开头相呼应，时间再次回到 2019 年，随着 5G 时代的到来，越来越先进的通信工具成为人们之间联系的桥梁，承载着更多的温情和爱。

课程应用

根据微电影主题，《桥》可以运用在“概论”课、“德法”课以及“原理”课中。

在“概论”课教学中，我们会讲到，改革开放 40 多年来，我国社会发生了翻天覆地的变化。这种变化体现在多个方面，其中就包括通信工具的变迁。通信工具的变迁，不仅改变了人们之间的联系方式，还体现了社会发展的巨大变化。无论时代如何变迁，信息科技发展如何迅速，通信工具都是我们交流感情的手段。因此，在“概论”课中，马克思主义辩证法以这样的变与不变体现着社会发展的统一性，印证着中国特色社会主义道路的科学性和可行性。《桥》恰恰以小切口，体现了大立意。通信工具的变迁，既呈现了改革开放 40 多年来中国在通信科技领域的发展成果，又在变化发展中的通信工具里，拉近了亲人之间思念的距离，蕴含着爱与温暖。为了让家人更好地享受改革开放的成果，也是为了跟家人更便捷地交流沟通，孩子们用自己积攒的工资，为家人买那个时代最时尚的通信工具。爱、亲情、温暖，社会主义核心价值观的友爱因素，跃然纸上。

在“德法”课教学中，我们也会讲到关于践行社会主义核心价值观的内容。同样可以以《桥》为典型案例，将运用的重点放在如何表现友爱的内容上。可以利用《桥》中的具体细节，阐述如何教育当代大学生用实际行动践行社会主义核心价值观，如何系好人生的第一粒扣子，如何用具体行动表达爱和爱的理念。

在“原理”课教学中，在讲到用发展的眼光看待问题时，可以通过《桥》所体现出来的改革开放 40 多年来中国社会在通信领域的飞速发展，展示中国特色社会主义道路在中国践行的历程。

课程反馈

为了实现实践教学成果向教学课堂的延伸和应用，充分发挥优秀微电影作品反哺教学课堂的功能，进一步深入推进微电影教学改革向纵深方向发展，我们将微电影《桥》分别在“概论”课、“德法”课和“原理”课中进行了应用尝试。同学们从不同视角、不同维度，不同程度地对《桥》进行了立体解读和深入思考，达到了本片预想的效果。

改革开放 40 多年来，母亲从托人代笔写信，到利用村里唯一的一部电话沟通，再到大哥大、小灵通、智能手机，通信工具经历了一系列的升级。小家庭通信方式的变化反映了我国改革开放以来科技的进步，这种进步使人们的联系方式多种多样，人和人之间的交流变得越来越便捷，这反映了改革开放以来中国经济的不断发展和人民生活水平的日益提高。

从亲情、爱情和沟通的角度看，有的同学指出，从父亲的信、电话，到能及时通信的手机，都承载着无尽的亲情。时代在变，亲人之间的交流也变得更加方便快捷。通信工具的不断发展，拉近了相距千山万水的人们之间的距离，让亲人的温暖近在咫尺，让家庭更圆满，让亲情更浓厚。

从人的精神需求层面看改革开放以来的社会巨变，有同学认为，改革开放以来，中国社会的发展、科技的进步，最终惠及的是中国老百姓。人民不仅在生活水平上得到了很大的提高，在精神方面也有很大的提升。现代通信为人们搭建了一座精神的桥梁，桥不但可以跨越江海连通两岸，而且能够缩减距离连接人心。

微电影《桥》从细节处入手，以小见大，对中国社会的发展充满希望。有同学认为，5G 的出现，让社会发展再一次加速，人们的生活更加丰富多彩，这不就是国家富强的体现吗！我们为这个时代感到骄傲，更为我们的国家感到骄傲。通信技术的不断进步，亦使我国改革开放不断深入与发展，我们的生活也会越来越美好。我们应珍惜当下，着眼未来，坚定不移地走新时代的改革开放之路。

视频链接：https://mp.weixin.qq.com/s/m3－EiY_hGaNtVaBlU0IU0A.

《迟到》

微影简介

微电影《迟到》荣获 2016 年河北大学思政课微电影大赛一等奖。爱情是个永恒的话题，各种形式的爱的表达，在大学生的青葱岁月中都显得异常美好。奉献是另一个不朽的篇章，当小爱遇到了大奉献，会勾勒出怎样的画面呢？微电影《迟到》以金海洋、林慧慧的爱情故事为线索，以医学生的真实生活为写照，在情节发展中蕴含了医学生的恋爱观、医患冲突等现实话题。

“迟到”时常出现在我们的生活中，让我们猝不及防，但往往又是这份“迟到”，给我们带来以前从未有过的人生感悟。医学生任重而道远的求学路以及医生的医者仁心，在影片中多有展示。同时，影片《迟到》也呼吁，患者与医生要相互尊重，为了大家的健康与幸福，不再发生本可避免的医患冲突和人生悲剧。

男主人公金海洋和女主人公林慧慧，在大学时期就立下为了美好的爱情和婚姻而努力拼搏的誓言。然而，面对所有医学生都要面对的实验、实践，艰辛和繁杂，面对自己那么优秀的同为医学生的女朋友，为了给她美好的生活，金海洋做出了一个令人惊讶的决定——休学，背着林慧慧放弃医学另寻他路。林慧慧得知金海洋休学的消息后，不敢置信地找到金海洋的好朋友郑昊确认消息，郑昊将金海洋留下的信交给林慧慧，林看后失望而悲伤，但自己仍然坚守所热爱的医学事业。十年之后，两个人都退去了昔日的青涩，林慧慧如愿当了一名医生，金海洋经过十年打拼，成为一家医药公司的总裁。工作中，林慧慧同其他医生一样，有时也会面对各种医患关系问题，患者及家属李氏姐妹的焦虑和不理解，也会使林慧慧十分无奈。但医者仁心，林慧慧依然执着于自己热爱的神圣事业。金海洋功成名就后如约来找林慧慧，要给她幸福的生活。林慧慧要金海洋解释当年的“临阵脱逃”，金海洋吐露了当年不辞而别的心声。当林慧慧听完娇羞转身时，意外发生了，车祸夺去了林慧慧的生命和迟到的幸福生活。生命总是充满意外，你永远猜不到明天和意外哪个先到。林慧慧离开了，遵照她生前遗愿，捐献她的健康器官给需要的患者。李氏姐妹成为受益者，她们对自己当初过激的言语懊悔不已。林家父母也准备起诉肇事者，但当他们看完林慧慧和金海洋的约定后，林家父母也从理解和尊重林慧慧的角度释然了。故事结尾升华了主题，当金海洋成功时，他已来不及给林慧慧一份爱；当李氏姐妹重获健康时，她们已来不及向林慧慧说句感谢；当林慧慧独当一面时，她已来不及给父母一个幸福的晚年。

课程应用

根据微电影《迟到》所反映的社会现象和社会问题，我们可以将其应用到“概论”课和“德法”课教学中，作为反映民生问题中医患关系的具体案例。

在“概论”课教学中，当我们讲到民生问题时，医疗问题是值得我们重点关注的问题。医疗问题关乎人民群众的生命健康，关乎每个家庭的存续发展，关乎人民生活的质量，关乎社会发展的基础。新时代，为了解决好关乎人民福祉的医疗问题及医患关系问题，党中央从顶层设计的角度，提出在发展中改善和保障民生，其中就涉及医疗事业改革。重点解决看病难、看病贵的问题，健全全民医保体系，深化公立医院改革，从体制、机制入手缓解紧张的医患关系。如何从换位思考的角度重新认识医生职业和医患关系，《迟到》给出了一个很好的视角。为了更细致地展示医生的职业特点及其面临的职业困境，影片《迟到》从医学生的日常学习、常态实验等方面突出了医生从业前知识储备的不易、医生对行业坚守的不易以及医生的医者仁心。虽然这只是《迟到》要表达的主题之一，但这个切入点可以让我们对医生这个职业有新的了解，由了解而理解，由理解而冷静，让患者及家属都试着以一颗冷静的心看待医护工作，看待医生这个职业。

在“德法”课教学中，当我们讲到爱情和职业道德等相关内容时，《迟到》给我们展示了一个特殊职业视域下的特殊群体的爱情及职业道德。医学生、医生，这个在中国特色社会主义建设过程中不可或缺的群体，因其为社会主义建设所做出的贡献无可替代而备受人们关注。然而人们关注更多的是这个群体对社会的奉献，对于他们工作以外的生活关注不多。其实，关于医学生的爱情与事业、工作与生活，并没有我们想象中的那样完美，他们面对选择也会纠结，工作中也有很多无奈。就爱情与事业的抉择来说，《迟到》中男女主人公的选择虽然大相径庭，但都可以理解。青涩爱情的甜蜜，齐头并进的拼搏，是青春最美好的回忆。为了事业坚守在医务工作的一线，那是女主人公的理想，也是一代代医务工作者的选择。男主人公的放弃，诚如后来他自己所讲，是为了美好的爱情。所以，无论是女主人公还是男主人公，都为了心中的美好付出了努力。女主人公处理工作中的医患关系，体现了医务工作者崇高的职业道德以及令人敬佩的职业奉献精神。因此，将《迟到》应用到爱情观和职业道德的内容讲授中，可以更清晰地呈现医学行业这一特殊群体的具象。

课程反馈

同学们通过观看《迟到》，不但了解了不同人群的爱情观以及医务工作者的职业道德，还通过影片中医患关系的描述关注到医学生和医生这两个群体的特殊之处。

从爱情及爱情观的角度解读《迟到》，有同学认为，男主人公为了女主人公能够在个人事业上有更好的发展，选择了暂时离开女主人公，十年之后，迟到的爱并未缺席，优秀的他们再次相遇。男女主人公对彼此的爱意令人向往，上进心也同样值得学习。也有部分同学并不完全认同恋爱关系中男主人公的做法，他们认为，金海洋面对自己与林慧慧的差距选择了逃避，而爱情需要两个人一起经营，有问题要一起解决，不能临阵脱逃不辞而别。对于爱情的观点和看法，可谓仁者见仁、智者见智，但的确，爱情需要双向奔赴。

从医学生和医生的职业操守和职业道德角度诠释这部微电影，同学们认为，“健康所系，性命相托”，这是医学生的誓言，每位医生都会尽全力医治患者，他们不是冰冷的机器，他们有着最大的怜悯之心。而同学们感触最深的，就是医生的无私奉献精神。微电影最后一幕，是林慧慧出车祸即将死亡时，选择捐献自己的健康器官给那些有需要的患者，体现了医生的医者仁心。也有同学呼吁全社会一起努力，尊重和理解医生职业。敬畏生命、救死扶伤是医生职业精神的写照，医生在呵护他人生命健康的同时，谁来保障医生在执业过程中不受伤害？这需要全社会从法律、舆论、教育等方面一起努力。

还有一部分同学将关注的焦点集中在医患关系上。通过观看《迟到》，他们感悟到，医生和患者之间应该是彼此尊重的关系。医患双方应学会换位思考，避免发生冲突和悲剧。像影片中的李氏姐妹，当她们对自己当初的过激言语懊悔不已时，已经太晚了。患者不应该以极端的态度去对待医生，将心比心，如有亲友时时刻刻处在一个危险的状态，我们自己于心何忍？一台接一台的手术，几个、十几个小时的奋战，我们可曾想到他们的辛苦？有的同学指出，医生不是神，没有人能保证每一个病人都能被治好。医生不是圣人，不是完美无缺的，我们要给予他们更多的支持和理解，丧亲之痛固然难以承受，但迁怒他人显然是不对的。还有同学心怀感激之情，认为林慧慧一生都热爱并投身于医学事业，我们要尊敬这些伟大的医务工作者，并报以感恩之心。

总之，无论从哪个角度诠释《迟到》，同学们都对片中呈现的问题有了深刻的理解，并试图寻找解决问题的出口。的确，人生中，不知道意外和明天哪个先到，总会有各种各样的迟到、遗憾，也正是因为有这些迟到和遗憾，才构成了我们多彩的生活。所以，我们要活在当下，珍惜眼前。在生活和工作中，面对严峻的考验，我们要有担当，越是困难，越要坚强，越要保持强烈的责任感。

视频链接：http://www.bjcipt.com/jqp/22688.html.

《哑音》

微影简介

微电影《哑音》是“泛雅奖”河北大学我心中的思政课微电影大赛获奖作品。《哑音》通过对一个聋哑女生不太愉快的经历的叙述，表达了弱势群体有口说不出的痛苦，他们渴望得到别人的尊重，也希望能够和大家融为一体，互相交流思想，但是却没有办法表达。从另一个角度审视，其他的同学并没有给予他们足够的关切，没有耐心去了解他们的内心世界。如果人们多一点爱，多一些包容，世界将会变得更加美好。故事从一个看起来文静内向的大学生独自在画室里进行绘画创作开始。女生沉静的状态、静谧的画室氛围给人一种忧郁感。直到有一位男生走进画室，对女生说老师找她，她用手语问男生发生了什么事情，微电影《哑音》的主题瞬间明朗。女生是一位聋哑人，由于长期生活于无声世界，她显得更为沉静、忧郁，所以，当男生看到她用手语后，也用手势告诉她，老师找她。走进老师的办公室，老师用手点了点她，在纸上写下了那一段话：你是一个勤奋的孩子，可是你和班里的同学交流太少了，现在班里的同学都不了解你，你可以试着和班里的同学多沟通沟通。看到老师写的那段话，女生抿了抿嘴唇，神情中有现实的无奈，也有对交流的渴望。然而这种渴盼交流的心理在实际生活中一次次受到重创。与同学擦肩而过时不经意的碰撞，同学的不理解把她试图通过手语解释、消除误会的心再次拉回到无助的孤寂里。等车的过程中，当她看到有人去偷女生的东西时，柔弱的她试图让其他人一起来帮忙解决问题，结果，当她试着用手语与一位男生交流时，男生不明白她到底在讲什么。她很无奈，只好找到一位女生，当她再次用手语进行交流时，女生善意地建议她用手机打字，结果她刚接过手机，电话铃响了，女生拿回手机接电话。她无奈，直接走到被盗的女生身边，想告诉她被盗的事情，此时车来了，一行人全部上了车，没人理会她，她茫然地站在了原地。也许这些事只是故事里的巧合，但是聋哑人所面临的交流障碍和希望被爱、被关注的内心渴求，确实值得我们重视。我们真心期盼，像微电影《哑音》的片尾所讲的，通过脑电波转换取得的突破性进展，未来聋哑人可以同大家进行正常交流。

课程应用

《哑音》以关注弱势群体之聋哑人为主题，可以作为“概论”课和“德法”课教学的典型案例。

“概论”课关于社会主义核心价值观的内容中，自由、平等、公正、法治，是从社会层面对社会主义核心价值观的高度概括。这四者体现了中国特色社会主义的价值追求，反映了社会主义社会的基本属性，是对美好社会的生动表述，也是中国共产党矢志不渝、长期实践的核心价值理念。其中，平等是人的最基本权利，是处理一切社会关系的基本准则。把平等作为社会层面的价值取向，就是要尊重和保障人权，通过平等的社会机制和价值引导，保障每个人都能够有实现梦想的机会。爱国、敬业、诚信、友善的价值准则，着眼于公民应当遵循的基本行为准则，凝聚了全社会的道德共识，继承了中华民族传统美德、中国革命道德和社会主义新时期道德的优秀传统，具有基础性、广泛性和普遍性。友善是人们和谐、团结与合作的重要基础。友善强调要形成社会主义的新型人际关系，引导公民做到互相尊重、互相关心、互相帮助、和睦友好。把友善作为公民层面的价值准则，就是以社会和谐、共同发展为目标，提倡对他人、社会、自然的爱，提倡人与人之间平等相待、友好相处、团结互助，让友善成为社会和谐的润滑剂。基于社会主义核心价值观的这些内容，《哑音》从细节着手，呼吁大家平等对待作为弱势群体的聋哑人，让他们在无声世界里获得善意和关爱。无论是技术手段的提升，还是人们对待他们的友善态度，都可以让他们感受到这个世界的温暖和爱。因此，将《哑音》应用于社会主义核心价值观关于平等和友善的教学中，可以起到见微知著、以小见大的教育和引导作用。微电影内容可以引发人们对弱势群体的思考，从而更好地学以致用，将践行社会主义核心价值观的内容下沉、落地。

此外，在"德法"课教学中，《哑音》除了可以应用于社会主义核心价值观的教学之外，还可以用于辅助关于社会公德的教学，从尊重和关爱他人的角度，用他们看得懂的语言表达人们对他们的关怀和爱，为聋哑人提供更好的生活空间，形成友善对待包括聋哑人在内的弱势群体的良好社会氛围。

课程反馈

《哑音》以细致的制作、细腻的表达引起同学们对弱势群体的思考。

首先，进一步了解聋哑人。正如同学们所说的，该微电影讲述了一个善良努力的聋哑女孩不被理解、不被关注、缺乏与人沟通的故事。她不会说话也不能听到别人讲话，因此只能用手语来与人交流。在常人的有声世界里，沟通是一件简单的事情，但对于社会中的特殊群体来说，却没那么容易。聋哑人在日常生活中会遇到诸多不便，如与人沟通不便、社会交往困难等。这一类人更应该被关注、被尊重、被耐心地对待，他们同样具备沟通的能力，只是与我们的方式不同。

其次，换位思考，反思自己的行为。有同学说，影片促使我们反省自己，我们仿佛总在表达自己，却很少能够做到耐心倾听。我们应该多给予聋哑人一些关注，学会关爱并尊重聋哑人和其他弱势群体，要想办法和他们沟通，在有必要的时候帮助他们，给他们更多的爱，让他们感受到这个世界的美好。有同学进一步反思，在这个科技快速发展的时代，人与人之间越来越缺少"人情味”，对于别人的事情，只要不危害到自己，很少发声，我们的正义感需要加强。聋哑人也希望得到尊重，他们虽然活在无声的世界里，但他们微笑着倾听着这看似嘈杂却无声的世界。虽然我们无法想象自己能否接受活在他们的世界里，但是我们相信他们的世界和我们的一样精彩。我们应该用真诚架起沟通的桥梁，用耐心连接起交流的纽带，用心语打开彼此的心扉。

最后，通过对比，深入理解“聋哑”的内涵。正如有同学指出的，聋哑人虽然生理上是聋哑的，但遇到不正义的事情，他会去发声，他的灵魂是不聋哑的，而有些身体健全的人遇到不正义的事却只会装聋作哑。当今社会中人们缺乏交流，手机的存在让我们逐渐丧失交流的欲望，我们不要被手机所奴役，要乐于和他人交流，关爱聋哑人群，不歧视、不漠视，对社会报以热情与爱心。

《哑音》告诉我们，交流是人们的基本权利，交流也应该是平等的。聋哑人作为社会中的弱势群体，应得到更多的关注和包容，我们不能因为交流不便选择放弃交流，而要主动与他们沟通。影片的最后也给聋哑人留下了希望，脑电波转换研究的进展使聋哑人正常交流指日可待，我们都衷心期望着那一天的到来。

视频链接：http://www.bjcipt.com/jqp/24652.html.

《远方　远方》

微影简介

微电影《远方　远方》在2017年河北省高校思想政治理论课教学展示活动中荣获一等奖，在河北大学第一届思政课微电影大赛中荣获一等奖。本片围绕留守儿童的生活问题，讲述了一个因为父母外出打工，与奶奶相依为命的留守儿童受到淳朴善良的小卖部叔叔阿姨善意关怀的感人故事。故事的小主人公金晓，因为父母常年在外打工，不得不与奶奶留守在农村老家。因为父母不在身边，金晓也曾被小伙伴们嘲笑是没人要的孩子，对此，他虽然也有回击，但心里的不确定使他回家认真地问自己的奶奶，爸爸妈妈为什么不给自己打电话，奶奶为了安慰金晓，善意地骗他说打过电话，只是打电话时金晓上学不在家。金晓不信，还向奶奶要妈妈的电话号码。奶奶为了安抚金晓的情绪，不得不向村中小卖部的店主求助，并将小卖部老板娘的电话给了金晓。从此，乐观的金晓时常高兴地跑到小卖部，用小卖部的收费电话，将自己在学校取得的好成绩和获得的荣誉打电话与“妈妈”分享，“妈妈”也及时鼓励和表扬他取得的好成绩，金晓很高兴，“妈妈”也很欣慰。只是有一次，金晓给“妈妈”打电话时，因为小卖部老板娘有事没有听到电话响，导致金晓的电话无人接听。金晓很失落，这一幕被小卖部老板看到，他善意地将自己的电话给了金晓，并告诉金晓如果打不通“妈妈”的电话，就打“爸爸”的。微电影中，老板和老板娘善意的谎言在金晓最需要亲情和温暖的时候，抚慰了他幼小的心灵，满足了孩子对父母爱的渴望。《远方　远方》以微电影的形式引起人们对留守儿童这一问题的重视，呼吁越来越多的人加入到关爱这个群体的队伍中来。相信新时代随着强国目标的实现，终有一天，我们不再看到那些孤单的背影，不再听到那些呼唤远方的声音，不再感受到那些遥不可及的思念，让所有的留守儿童都可以生活在爱和温暖中。

课程应用

根据微电影主题，《远方　远方》可以运用在“概论”课和“德法”课中。

在“概论”课教学中，我们会讲到，改革开放以来，在建设中国特色社会主义的过程中，为了不断推进城镇化进程，党和国家出台了一系列方针政策，但在各地具体推进的过程中，因情况纷繁复杂，有许多问题值得关注，其中留守儿童就是需要重点关注的一个群体。作为未来的建设者和社会主义事业的接班人，儿童是祖国发展的希望，如何妥善处理好城镇化进程中农村留守儿童问题，如何满足留守儿童的生活需求、教育需求和心理上对爱的需求，是值得重点关注的问题。很多留守儿童的父母外出打工时都是把孩子交给爷爷奶奶来看管，缺少对孩子的家庭教育和关爱，这对留守儿童的身心健康发展都是不利的。因此，应当重视对留守儿童的教育，加强对留守儿童的心理健康教育和人文关怀，及时纠正留守儿童在人生观、价值观上的偏差，多关注他们的生存环境，疏导他们的心理问题。微电影《远方　远方》恰好从细节处入手，小切口，大立意，通过留守儿童对爱和温暖的需求，以及老板和老板娘善意的谎言，引申到中国特色社会主义现代化建设中社会各方面对留守儿童问题的关注。同时创作者也试图通过该微电影引发当代大学生对社会热点问题的关注和思考，并探讨解决社会问题的具有可操作性的意见和建议，将所学思政课的内容内化于心，外化于行，充分体现“知行合一”的教育理念。

微电影《远方　远方》除了可以应用于“概论”课教学之外，还可以应用于“德法”课教学中。爱是永恒的话题。爱分很多种，有抱有家国情怀的大爱，也有你侬我侬的小爱；有对亲人眷恋的爱，也有对陌生人伸出援手的无私的爱。爱既是一种情感表达，也是一份责任。如何用生动的教学案例引导当代大学生关注社会发展中的热点问题，如何引导大学生从留守儿童所需要的关注和教育中发挥自己的作用，体现当代大学生的担当，培养家国情怀，需要一个很好的切入口和平台。而《远方　远方》中小卖部老板和老板娘对留守儿童金晓的关爱，体现了社会发展中人与人之间的温暖，更是对留守儿童的一种付出和奉献。通过一部微电影，展现社会各类人群对留守儿童的关爱，能很好地引起当代大学生对留守儿童问题的关注，从而引导当代大学生从所学专业出发，发挥自己应有的作用，为更好地解决留守儿童教育和关爱问题群策群力。这一点恰恰在微电影课程反馈中得到很好的印证。

课程反馈

为了实现实践教学成果向教学课堂的转化，充分发挥优秀微电影作品反哺教学课堂的功能，进一步深入推进微电影教学改革向纵深方向发展，我们将微电影《远方　远方》分别在“概论”课和“德法”课中进行了应用尝试。从同学们的反馈来看，大家从不同视角、不同维度，不同程度地对《远方　远方》进行立体解读和深入思考，达到了本片预想的效果。

从社会发展的维度看，有同学认为，在中国进入全面建成小康社会的今天，留守儿童的数量大大减少，但是留守儿童的问题仍然存在，留守儿童面临的困难仍需要社会的关注。

从家庭环境和家庭教育对留守儿童的影响看，有同学认为，父母外出打工是留守儿童问题产生的重要原因，这些儿童大部分都被祖父母或者外祖父母照管。很多留守儿童长时间见不到父母，或多或少地会有生理或心理上的隐患，他们需要社会的关怀。

从社会对留守儿童的关爱角度看，有同学指出，影片中一个重要的线就是小卖部老板和老板娘对金晓的善意谎言，这个情节直接体现了社会对留守儿童的关心和关爱，这也是对留守儿童的一种保护。

从同学们的直观感受和身体力行的角度看，有同学看完微电影《远方　远方》后被深深地打动了。留守儿童苦苦等待回家过年的父母，他们想要的，不过是与父母一次简单的通话和他们对自己的祝福。这部影片告诉我们要多多关注留守儿童，尽管我们所做的工作看起来很简单，比如与留守的孩子们聊聊天、做做活动，但是他们会觉得自己是被关爱的，并因此对生活充满希望。有同学认为，通过大家的共同努力，终有一天，这些孤独的身影会彻底消失。还有的同学直抒胸臆，通过这个故事，自己更加了解留守儿童这个群体，意识到对留守儿童进行帮扶的重要性，关爱留守儿童人人有责。

视频链接：http://hbutv.hbu.cn/2016/0923/11004.shtml.

《边缘人》

微影简介

微电影《边缘人》，荣获 2017 年河北大学思政课微电影大赛一等奖。本片以外来务工人员随迁子女的心理成长为主题，讲述了主人公楠楠在面临与城市户籍学生各方面差异之后，最终从困惑中找到自己定位的故事。故事的主人公楠楠，因父母在城市打工，到了上学的年纪便从农村爷爷奶奶家搬到城市生活。刚搬到城市生活的楠楠，知识基础、家庭经济水平、学习能力、生活习惯等方面与城市户籍学生都有着较大的差异。她非常努力，想跟上同学们生活和学习的步伐，结果却不遂人愿，城市生活并没有她想象得那般开心，她的内心因此变得更加敏感。有一次暑假，她回到了农村老家，之前的好朋友来找她玩她们曾经最喜欢的游戏，她却对此嗤之以鼻，以傲慢的姿态讲述着农村生活是多么的不堪、城市生活多么的美妙。与父母吃饭时，看见母亲捡起掉在桌上的肉，便嘲笑母亲不讲卫生。母亲让她帮忙打扫卫生，她却以同学们在家都不干活为由反驳母亲，攀比、虚荣的心理此时已占据了她的心。父亲为此非常生气，于是让她暑假回农村老家看望爷爷奶奶，她又以农村生活条件差为由拒绝了父亲，父母对如今楠楠的状态失望至极。放学路上，楠楠和同学碰到了在外奔波拾破烂赚钱养家的父亲，她却假装不认识。回到家后，看着母亲劳作的背影，回想着父母失望的眼神，她想自己是不是错了，楠楠的心彷徨了。最终，她学会了慢慢在城乡的天秤中找到自己平衡的位置。《边缘人》以微电影的形式试图引起人们对中国社会城乡二元结构中的一个特殊群体——农民工随迁子女的关注，关注他们在成长和教育过程中的心理矛盾与冲突，引导其身心健康发展，让他们感受到来自家庭、学校、社会的关心和爱护，感受到生活中的爱与温暖。

课程应用

根据微电影主题，《边缘人》可以运用在“原理”课和“德法”课中。

在“原理”课教学中，我们会讲到唯物辩证法的实质与核心——矛盾的观点，矛盾具有普遍性与特殊性两大特征，即时时有矛盾、事事有矛盾。矛盾的观点对我们日常生活具有十分重要的方法论意义，即要用对立统一的观点分析问题、用“两点论”和“重点论”相结合的方法解决问题，不能用片面的观点看问题。青少年在成长过程中，会面临各种各样的矛盾，如何启发学生自觉运用马克思主义的方法论，引导学生更好地认识和分析现实问题，是值得关注的话题。作为未来的建设者和社会主义事业的接班人，青少年是祖国发展的希望，外来务工人员随迁子女这一特殊群体需要人们重点关注。外来务工人员随迁子女受城市与农村两种不同生活方式的影响，在其成长和受教育的过程中，存在着程度不同的矛盾与冲突，若不加以合理引导，对他们的身心发展都是不利的。因此，应该注重对外来务工人员随迁子女的教育问题，加强对他们的心理健康教育和人文关怀，及时纠止他们在人生观、价值观上的偏差，促进他们的身心健康发展。外来务工人员随迁子女面对着城市生活与农村生活的矛盾、自己与父母的矛盾、自己与同学的矛盾、朴实的自己与虚荣的自己的矛盾、温和的自己和暴躁的自己的矛盾等，也应学会以马克思主义的方法看待问题、分析问题和解决问题，理解矛盾的观点及其特征。而微电影《边缘人》以一名大学生的亲身感悟为基础，以学生喜闻乐见的方式，将其拍摄成一部思政课教学微电影，立意深刻又贴近实际，由此引起社会更多群体对外来务工人员随迁子女的关注。同时也试图通过该微电影引发当代大学生对社会热点问题的关注和思考，并探讨解决相应问题的具有可操作性的意见和建议，尝试用马克思主义基本原理解决实际问题。

微电影《边缘人》除了可以应用在“原理”课教学之外，还可以重点应用在“德法”课教学中。我们会学到人生观是什么，如何树立正确的人生观以及辩证对待人生矛盾。怎样处理好个人与集体、权利与义务、学习与生活等方面的关系，做什么样的人，怎样做人，怎样的生活才有意义，怎样的人生追求才有价值等，这一系列的人生课题，都需要大学生去观察、思考、选择、实践。如何用鲜活的案例去引导大学生关注社会问题，如何引导大学生发挥自己的作用，体现当代大学生的担当，这是一个很好的切入点。而《边缘人》中楠楠通过父母的辛勤劳作和对自己的反思中，认识到自己到底应该怎样对待父母、怎样做人、怎样的生活才有意义，给大学生提供了生动的案例。

课程反馈

为了实现实践教学成果向教学课堂的延伸和应用，充分发挥优秀微电影作品反哺教学课堂的功能，进一步深入推进微电影教学改革向纵深方向发展，我们将微电影《边缘人》分别在“原理”课和“德法”课中进行了应用尝试。从同学们的反馈来看，大家从不同视角、不同维度，不同程度地对《边缘人》进行了立体解读和深入思考，达到了本片预想的效果。

从社会发展的维度看，有同学认识到，城乡发展的不平衡是我国长期关注的问题。外来务工人员的子女难以融入城市生活，这是我们不得不思考的问题。也有同学认为，这部影片真实地反映了当今中国社会由于贫富差距引起的一系列问题。

从家庭环境和家庭教育对外来务工人员随迁子女的影响看，有同学认为，外来务工人员随迁子女会因为自身知识水平、生活习惯等方面与城市孩子的差距，而在其学习和生活中产生自卑感。还有同学认为，楠楠从农村来到城市，并没有完全掌握自己的生活节奏，导致一时间拥有多重性格，从前是任劳任怨的农村孩子，突然到城市后只注意到富有家庭的同学们享受的高消费生活，从而迷失了自己。也有同学认为，是家长忙于工作而忽视了孩子的身心健康。

从社会对外来务工人员随迁子女的关爱角度看，有同学直呼这部微电影更多的是提醒人们，多关注基层人民生活中的问题，不要让新一代的祖国花朵成为时代的边缘人。还有同学提倡，我们要给予他们更多的关注和关爱，才能让他们和城市融为一体。

从同学们的直观感受和身体力行的角度看，有同学指出，作为到城市务工和学习的人群，想要融入城市，就要好好努力。还有同学认为，作为子女，更应该学会理解自己的父母，一个家庭有一个家庭的情况，子女在慢慢地适应城市生活的同时更应该不忘初心。影片最后，楠楠终于放平了心态，认清了自己的定位。这同样教育我们，应该先管理好自己的心态，再去努力获得更加美好的生活。希望人们在遇到这类群体时，都能力所能及地帮助他们，也希望这些孩子足够坚强，勇敢面对生活中的各种困难。

视频链接：http://hbutv.hbu.cn/2018/0130/13592.shtml.

《一米阳光》

微影简介

微电影《一米阳光》，荣获 2015 年河北大学思政理微电影大赛一等奖。影片关注的重点是自闭症群体。自闭症也称为孤独症，目前我国自闭症儿童的数量呈逐渐增加的趋势，但是社会大部分成员并不了解自闭症。男主人公沈默是个患有自闭症的大学生，影片一开始，他正在漆黑的房间看动漫电影《千与千寻》。动漫里，无脸男既孤独又神秘，只有千寻关注到了他，并且渐渐温暖了他。沈默似乎和无脸男有相似之处，总带着一副白色面具，把自己与整个世界隔绝开来。上课铃已经响起，沈默脚步缓慢地走进教室，两个同学在玩纸飞机，纸飞机偏离了路线落在沈默脚边。同学希望沈默帮忙捡起来，可是沈默径直坐在了座位上，同学似乎已经习惯了，让同伴把纸飞机捡了起来。教室里同学们都三五成群地坐在一起交流，有的借作业，有的分享趣事，单独坐着的沈默和班里活跃的氛围形成了鲜明的对比。班委通知大家，老师临时有事不上课，可以回去了，同学们纷纷结伴离开，只有沈默还坐在那里看书，并未动身离开。画面一转，沈默来到图书馆，拿起了《不畏将来，不念过去》这本书。他在图书馆从上午待到了晚上，直到图书馆管理员过来提醒他要闭馆了，他才离开。

在一个明媚的上午，沈默和往常一样正独自行走，这时迎面来了一个女生，这个女生拿着“拥抱传递温暖”的牌子，告诉他这是一个拥抱传递温暖的活动，并且询问是否可以抱一下他。沈默没有点头也没有拒绝，只是呆呆地站着，女生主动伸出手拥抱了一下他，然后便离开了，这也许是沈默为数不多的和人近距离的接触。

沈默在漆黑的教室桌子上趴着睡觉，当他醒来，发现自己被绑在椅子上，周围漆黑一片，他怎么也挣脱不开绳子，忽然有个人搬起一把椅子砸他的头。他被惊醒了，才发现是一场梦。醒来后，教室明亮了起来，他看见奶茶的杯子上有个便利贴纸，上面写着“一米阳光，一念之间”。沈默来到图书馆，拿起经常翻阅的图书，看到里面也夹着一个写有“一米阳光，一念之间”的纸条，他把纸条小心翼翼地放到兜里。走进教室，听到了校园广播的声音，主持人提到，下午操场会有一场“心与心援”的活动，希望大家积极参与。随后主持人念了第二条留言，留言的内容像是潺潺流水触动着沈默的内心，他拿出那两张纸条，明白阳光和温暖就在自己的一念之间。沈默飞奔下楼，看到那天那个女生走来，在他的耳边轻轻说道，“一米阳光，一念之间”，沈默最终慢慢把面具摘了下来。时间倒流，才发现沈默出现的纸条和拥抱的活动并不是偶然，而是班里的女同学注意到了她，想慢慢打开他的心扉，而沈默也开始选择拥抱生活中的温暖和阳光。

影片的结尾，介绍了社会中特殊的自闭症群体，呼吁大家对患有自闭症的人多些耐心，他们也渴望温暖。影片以沈默为典型个案，为大家展现了自闭症群体的生活。他们不喜言谈、不善交际，但是也需要温暖、理解与帮助。愿世界上每一个自闭症患者都可以被善待，最终敞开心扉，拥抱阳光。

课程应用

微电影《一米阳光》可以运用在“德法”课和“原理”课中。

在“德法”课教学中，我们会讲到，大学时期是个体道德意识形成的最重要的阶段，也是树立正确的世界观、人生观、价值观的重要时期。道德是人类社会发展的产物，道德可以规范、约束、指导人们的行为，本质是知行合一的。有些同学知行脱节，尽管明白很多道德知识，但是没有实际的行动，因此，我们要教导学生在实际生活中明大德、守公德、严私德。微电影中，虽然沈默患有自闭症，不善于和班里同学交流沟通，但是班里的同学并没有因此而排挤他，而是帮助他、关怀他，其中一个女生通过“拥抱传递温暖”活动，以纸条以及广播站留言的方式，慢慢地引导沈默打开心扉，感受生活的温暖。影片中，同学们帮助沈默也是一种践行社会主义核心价值观的体现。社会主义核心价值观凝聚着全体人民共同的价值追求，大学生要深刻领悟社会主义核心价值观的内涵，自觉做社会主义核心价值观的践行者和传播者。大学生的全面发展，离不开正确价值观的引领。大学生在实际生活中要严格要求自己，明礼守法、厚德仁爱、正直善良、勤劳勇敢，不断提高个人的思想道德修养。通过观看微电影，同学们对于自闭症问题有了更多的关注，也激发了大家对加强个人品德修养的思考，并且联系自身实际，探讨如何用良好的行为规范和高尚的道德情操来处理人际关系。

在“原理”课教学中，我们会讲到物质决定意识，意识对于物质具有反作用，具有调控人的行为和生理活动的作用。人们的意识、心理、情绪等因素能够对人的行为选择和健康状况产生重要影响。自闭症，是一种人际交往与情感交流障碍，自闭症患者有康复的可能，这就需要身边每个人耐心的引导和关怀。影片中，沈默由开始的不喜交流，把自己封闭起来，到后来在同学的努力下，选择主动拥抱阳光，摘下了面具。通过观看微电影，同学们可以感受到意识对于心理的调控、指引作用。在现在的生活中，由于考试和就业等问题，同学们普遍存在焦虑、抑郁、暴躁等负面情绪，大学生心理健康成为不容忽视的问题。有的同学不堪生活重负，选择自己结束自己的生命，那是极其不负责任的行为，不仅给父母亲人带来伤痛，也是社会人才资源的损失。微电影启发同学们在遭遇挫折困难时，要积极调整情绪，学会用理论指导生活实际，主动发挥自身的主观能动性，排解消极情绪。同学和老师是大学生在校生活接触最多的人，有问题有困难要及时沟通，寻求帮助，温暖和阳光只在一念之间。

课程反馈

为了实现实践教学成果向教学课堂的延伸和应用，充分发挥优秀微电影作品反哺教学课堂的功能，进一步深入推进微电影教学改革向纵深方向发展，我们将微电影《一米阳光》分别在“德法”课和“原理”课中进行了应用尝试。从同学们的反馈来看，大家从不同视角、不同维度，不同程度地对《一米阳光》进行了立体解读和深入思考，达到了本片预想的效果。

从关注自闭症这个特殊群体的角度，有的同学认为，看了这部电影，才对自闭症患者有了一些了解。在中国，自闭症患者是一个庞大的群体，他们需要我们的关注，更需要我们的理解，他们也向往有阳光的生活。

也有的同学呼吁我们要耐心对待自闭症患者。自闭症患者有社交沟通障碍，兴趣或活动范围狭窄，他们需要社会的关爱，需要身边人的关心。如同影片中呈现的一样，自闭症患者可能需要的只是陌生人的一个温暖的拥抱。如果不去帮助这些自闭症患者，他们会与社会越来越脱节。他们渴望得到别人的关爱，渴望得到友情，只要人人多点关心，多点爱，这个群体就能拥抱美好的明天。

从与人为善、以邻为伴的角度思考，有的同学指出，通过一系列演员的表演与特殊的场景，同学们深切感受到了自闭症患者孤独的内心世界，这激发起同学们对自闭症患者的同情心，更好地理解自闭症患者的心理并给予其恰当的帮助。同时，影片也让同学们感受到了爱的伟大，爱的无处不在。

从关注自闭症问题并且付诸行动的角度看，有的同学指出，像影片中这样患有自闭症的人群，他们有着常人不理解的交流障碍，他们没办法克服内心与外界交流的困难，这就需要我们走近他们的生活，温暖他们纯真的心灵，传递给他们这个社会的温暖。影片呼吁我们为自闭症患者带去温暖，让他们感受这个世界的美好。也愿我们每个人都心存一米阳光，莫让孤寂给我们的心灵套上枷锁。

视频链接：http://hbutv.hbu.cn/2016/0927/11008.shtml.

《土坡》

微影简介

微电影《土坡》，荣获 2015 年河北大学思政课微电影大赛一等奖。本片主要围绕“啃老”这一主题展开，通过一对小夫妻对物质生活的过度要求和向母亲的不断索取，表现出母亲无私的爱，同时对“啃老”族进行了批判。微电影讲述了一对年轻夫妇婚后整天在家嬉戏玩耍，不务正业，为了装修新房几次三番向年迈的母亲伸手要钱，母亲无可奈何，只得卖掉喂养多年的耕牛“土坡”筹钱，男主人公因此幡然醒悟、悔过自新的故事。男主人公王奎婚后不思进取，在家待业，母亲为此多次劝告，但他不知悔改，还与母亲争执不断，家庭关系也因此大不如前。为了能和媳妇住进新房，儿子在一次饭桌上向母亲说出了借钱装修新房的打算。母亲对此有些生气，气儿子不务正业，气儿子不思进取。母亲平日里是个省吃俭用的人，带着喂养多年的懂人性的“土坡”去买菜是母亲每天的快乐。“土坡”于母亲而言不仅仅是一头牛，更是自己的半个孩子。渐渐地，儿子因此事对母亲多有埋怨，后来竟一气之下离家出走，母亲伤心不已又无可奈何。因拿不出儿子需要的钱，母亲迫不得已打算卖掉自己的“土坡”来满足儿子的愿望。在村民老刘的告知下，王奎得知了这个消息，震惊不已，他没想到母亲能为了自己的新房舍弃心爱的“土坡”，更是低估了母亲对自己沉甸甸的爱，最后他跪在母亲面前痛哭流涕，幡然醒悟。微电影《土坡》拍摄角度新颖，以“土坡”的视角展开故事情节，展现了一个家庭从争吵到和好的全过程。全片朴实无华，却意味深长，对于青年人具有教育意义。《土坡》以微电影的形式，讽刺了啃老族游手好闲的丑态，引导当代大学生抵制“啃老”这种不良的社会风气，并告诫大学生：父母的爱是无私又伟大的，但这并不意味着父母要一味付出，儿女也要承担起相应责任，做父母的支撑和依靠，而不是“累赘”。

课程应用

根据微电影主题，《土坡》可以运用于“概论”课和“德法”课中。

在“概论”课教学中，我们会讲到，改革开放以来，在建设中国特色社会主义的过程中，为了保障和改善民生，国家出台了一系列方针政策，加强和创新社会治理，促进社会公平正义，确保老有所养。但在各地具体推进的过程中，因情况纷繁复杂，有许多问题值得关注，其中老年人的养老问题就是一个需要重点关注的问题。对于劳碌了一辈子、辛苦了一辈子的老年人来说，儿女能孝顺自己、享受天伦之乐就是最大的安慰。如何完善老年人关爱服务体系，如何满足老年人对生活的需求、心理上对爱的需求是值得重点关注的问题。很多刚毕业的大学生留恋校园无拘无束的生活，习惯了向父母伸手要钱，不愿意付出劳动去养活自己，既加重了父母的经济负担，又不利于自己的发展。因此，应当重视对大学生择业就业观的教育，锤炼大学生坚韧的品格，磨炼其越挫越勇的心性，使其勇于承担家庭责任，转换角色为父母排忧解难。而微电影《土坡》从一个整天只知道嬉戏玩耍的儿子入手，展现了他与母亲从争执不断到最后幡然悔悟的过程，既讽刺了“啃老”一族，也引发社会更多群体对老年人的关注。同时，创作者也试图通过该微电影引发当代大学生对社会热点问题的关注和思考，利用自身所学专业，提出具有可操作性的意见和建议，为社会主义现代化建设建言献策。

微电影《土坡》除了可以应用在“概论”课教学之外，还可以应用在“德法”课教学中。家庭是社会的基本细胞，是人生的第一所学校。不论时代发生多大变化，生活格局发生多大变化，都要重视家庭建设，注重家庭、家教、家风，树立正确的恋爱观和婚姻观，处理好复杂的情感和家庭关系。而微电影《土坡》通过男主人公王奎前后的思想转变，很好地诠释了换位思考的重要性，批判了“啃老”现象，启发学生注重家庭。同时，还要让同学们认识到，家庭好有利于国家好、民族好。通过一部微电影，反映社会发展中的大问题，引导当代大学生关注实际问题，并利用自身所学，为营造良好社会氛围贡献自己的力量，也正是高校“德法”课应达到的教育教学效果。

课程反馈

为了实现实践教学成果向教学课堂的延伸和应用，充分发挥优秀微电影作品反哺教学课堂的功能，进一步深入推进微电影教学改革向纵深方向发展，我们将微电影《土坡》分别在“概论”课和“德法”课中进行了应用尝试。从同学们的反馈来看，大家从不同视角、不同维度，不同程度地对《土坡》进行了立体解读和深入思考，达到了本片预想的效果。

从对“啃老”这一社会热点问题的关注度看，有同学认为，故事反映了当今社会中存在的“啃老”现象，老人爱孩子，孩子不争气，反而变本加厉地向母亲要钱装修房子。“土坡”的主题是“啃老”问题，这一问题近些年来格外被社会所关注，而这部微电影就抓住了这一社会热点。

从体悟父母对子女的爱的角度看，有的同学被伟大的母爱打动了，无论儿子怎样，母亲都那么爱自己的儿子。但母亲终有老的一天，我们要靠自己创造价值。小的时候母亲保护我们，母亲老了，我们也要承担责任，赡养母亲。也有同学认为，万事皆有度，一味地满足儿子的需求，只会导致儿子的需求越来越大，甚至觉得理所当然，就像一个黑洞，怎么填都填不满，到头来不仅害了儿子，也害了她自己。微电影表现了母亲伟大的爱，但这种爱却是建立在溺爱和无奈的基础上，儿子在错误的路上越走越远，直到母亲卖耕牛才幡然醒悟，主人公内心的良知被唤醒。

从同学们的直观感受和身体力行的角度看，有同学感受到，当代大学生要好好学习，不做“啃老”族，做对社会有用的人才。我们应该有感恩之心，要对得起父母对我们的培养，努力学习，实现人生价值，而不是“啃老”让父母寒心。我们不能像寄生虫那样一味索取，要靠双手创造价值。

视频链接：http://hbutv.hbu.cn/2015/0123/7945.shtml.

五、生态文明建设主题微电影应用

《醒来》

微影简介

微电影《醒来》，荣获2018年“繁星奖”河北大学思政课微电影大赛一等奖。该片围绕环境保护问题，讲述了这样一个故事：一位普通的女大学生，平常不太注意生活中可能会造成环境污染的行为，但通过观看一部环保宣传片以及在梦境中经历自然环境由好变坏之后，幡然醒悟，开始用实际行动保护环境。故事主人公思雨在日常生活中环保意识比较淡薄，面对环境污染等问题，选择当一名无动于衷的看客。直到有一天，她看了一部环保宣传片，片中蔚蓝的天空令她心生向往，她不禁反复观看，由此深思入梦。梦中的她，变成了一只七星瓢虫，快乐地穿梭在林间。天空是湛蓝的，温暖的阳光洒在大地上，万物美好。突然有一天，乌云密布，下起了大雨。人类肆意捕杀动物、砍伐树木，滚滚的浓烟染黑了天空，污水染黑了河流，昔日生机勃勃的世界变得死气沉沉……在舍友的呼唤下，思雨从梦中醒来，回想刚才的梦境，她不禁问自己，我们真的不能为地球做些什么吗？梦境中前后景象对比的冲击，引发了思雨思想和行动上的转变。在之后的日常生活中，她自觉地把垃圾扔进垃圾桶，并且加入环境保护宣传协会，做了一名志愿者，在校园内宣传保护环境的重要性，号召学生行动起来共同保护环境。思雨的身体力行，也让自己感到快乐和充实。微电影《醒来》，采用真人情景剧与动画相结合的方式进行拍摄，以独特的视角向观众展现了污染环境的严重后果以及保护环境的重要性。以“醒来”命题，一语双关，警醒观众要清醒地认识环境污染的严重性并积极为环境保护贡献自己的力量；同时也警醒我们，保护环境刻不容缓，要积极行动起来，哪怕每天只有一点点的改变，地球都会逐渐变得更加美好！

课程应用

根据微电影主题，《醒来》可以运用在“概论”课、“德法”课以及“原理”课教学中。

在“概论”课教学中，我们会讲到科学发展观这一重要内容。全面、协调、可持续是科学发展观的基本要求。“全面”是指发展要有全面性、整体性，不仅要发展经济，政治、文化、社会、生态文明等各个方面都要发展；“协调”是指发展要有协调性、均衡性，各个方面、各个环节的发展要相互适应、相互促进，缺一不可；“可持续”是指发展要有持久性和连续性，不仅当前要发展，而且要保证永续发展。我国经过长期发展，积累了较为雄厚的物质基础条件，但在经济高速发展的同时，也出现了一系列问题，比如，经济社会发展不协调、经济发展与人口资源环境不适应、生态环境遭到破坏等。此外，在讲到新发展理念时，永续发展的必要条件，就是绿色。绿色发展就是要解决好人与自然和谐共生的问题。也就是说，人类的活动，必须遵循生态文明理念，即尊重自然、顺应自然、保护自然。如果违背自然规律，就会遭到自然的报复。在“建设美丽中国”一节的教学中，我们重点讲到了生态文明建设，生态文明的核心是坚持人与自然和谐共生。人因自然而生，人与自然是一种共生关系，人类对自然的伤害最终会危及人类自身。当前，随着经济的发展，人们对自然的索取越来越多，导致自然环境逐渐恶化，环保问题成为全社会关注的热点问题。微电影《醒来》没有选取宏大深远的背景，而是从小人物入手，以小见大，反映了当前环境恶化的现状和保护环境的重要性，折射了当前一部分人对环境保护的冷漠心理以及环境保护的迫切性。在中国特色社会主义现代化建设的过程中，生态文明建设显得尤为重要。该影片旨在引起社会各方面对环境保护问题的关注和重视，呼吁更多的人行动起来保护环境，拓宽关注的视角。

在“德法”课教学中，我们会讲到社会公德。它涵盖了人与人、人与社会、人与自然之间的关系，保护环境是其重要内容之一。包括大学生在内的每一个社会成员，都应该遵守社会公德，保护环境。生态环境保护是一项非常重要的任务，大学生要身体力行，积极倡导绿色、低碳的生活方式，在建设美丽中国的过程中贡献自己的力量。此外，在“引领社会风尚”的内容中，我们会讲到“促和谐”。对于大学生来说，在环境方面的促和谐就是人与自然的和谐。大学生要用和谐的态度对待自然，使崇尚和谐内化于心，外化于行，实现人与自然之间的和谐共生。微电影《醒来》试图引发当代大学生对社会热点问题的关注和思考，并探讨解决社会问题的意见和建议，积极行动起来，保护环境，将所学的思政课内容运用到现实生活中，充分体现“知行合一”的教育理念。

微电影《醒来》除了可以应用在“概论”课、“德法”课之外，还可以应用在“原理”课中。规律是客观的，要在尊重客观规律的基础上发挥主观能动性；联系是普遍的、多样的，任何事物之间、事物内部诸要素之间都存在着千丝万缕的联系。人与自然环境之间、自然环境内部同样存在着联系。人类要在尊重自然的前提下，从事一系列生产、生活活动。人类破坏自然环境，自然必会反击人类，自然环境遭到破坏，生态系统就会失衡，继而就会引发一系列的环境问题。微电影《醒来》以独特的视角，展现了污染环境所引发的一系列后果。这部影片对于教学来说直观、形象，有助于学生更好地理解生态文明建设理论知识。

课程反馈

为了实现实践教学成果向教学课堂的延伸和应用，充分发挥优秀微电影作品反哺教学课堂的功能，进一步深入推进微电影教学改革，我们将微电影《醒来》分别在“概论”课、“德法”课和“原理”课中进行了应用尝试。从同学们的反馈来看，大家对《醒来》进行了立体解读和深入思考，达到了本片预想的效果。

看了这部影片，有同学认为，地球的环境正在慢慢地被人类破坏，如果人类再不对环境进行保护，后果将是我们无法想象的，更是无法控制的。当然，我们可以做一些我们力所能及的事情，如垃圾随手扔进垃圾桶，废旧快递盒、饮料瓶回收再利用等。这个影片虽然是对一名普通大学生进行的拍摄，但是其中女生的梦境令同学们印象深刻，海面上漂浮的垃圾、森林里遍地的狼藉无不震撼着同学们的内心，提醒同学们保护环境的重要性。作为大学生，我们应该自觉减少垃圾袋的使用，自己制造的垃圾不能随地乱扔，要扔进垃圾桶，外出用餐的时候尽量不使用一次性筷子。影片以“醒来”为题，不仅是代表思雨从梦境中醒来并产生思考，也呼吁人们从现实中醒来，保护环境。环保不应该只是说说而已，实践远比话语更有说服力，建设美丽中国，需要我们共同行动！生态文明建设已成为我国当前战略发展的一个重要组成部分，我们要增强环保意识和生态意识，从自己做起，从小事做起，号召更多的人加入到保护环境的队伍中来。

视频链接：http://www.bjcipt.com/jqp/24599.html.

《孤岛蓝鲸》

微影简介

微电影《孤岛蓝鲸》，荣获 2017 年“繁星奖”河北大学思政课微电影大赛一等奖。该片围绕目前我国社会发展中的热点问题——环境保护问题，采用动画的方式，讲述了蓝鲸在生活环境遭到破坏后，在海洋中遭遇的一系列问题。

蓝鲸本来拥有着碧海蓝天的生活，与鱼虾为伴，与海鸟为友，但这种无忧无虑、逍遥自在的生活被人类的入侵打破了。人类对海洋生物的大量捕杀以及对海洋的严重污染，使蓝鲸决定去寻找另一处美好的家园。在旅途中，蓝鲸遭遇了火山爆发和海啸，它到达南极，听企鹅说北极冰川融化的消息后，它想到了自己的好朋友塔塔，于是踏上了去北极的路。蓝鲸历尽千辛万苦终于到达北极，得到的消息却是自己的好朋友塔塔早在一个月前就因为冰川融化去世了，它伤心地离开了。蓝鲸继续游啊游，游到了一片被垃圾包围的海滩，遇到了身体虚弱的海龟，并跟海龟约定一起前往无忧岛。但几天后，海龟也不幸去世了，可悲的是，它肚子里装满了人类产生的垃圾。因为生态环境的恶化，蓝鲸接连失去了两个朋友。它继续游在广袤的海洋中，无奈又孤独，不知该归向何处。《孤岛蓝鲸》以动画的形式，展现了环保主题，旨在引起社会各界对保护环境这一问题的重视，呼吁越来越多的人加入到保护环境的队伍中来。微电影中，蓝鲸的遭遇是生态系统中所有动物的生活缩影，揭露了人类的不当行为对自然环境造成的破坏。该片旨在警示人们要保护海洋环境，珍惜我们共同生活的地球家园。

课程应用

根据微电影主题，《孤岛蓝鲸》可以运用在“概论”课和“原理”课教学中。

在“概论”课中，我们会讲到科学发展观，随着人类社会的快速发展，对大自然的索取也越来越多，这表现在很多方面，其中就包括海洋污染。人类对海洋的索取使海洋生态环境越来越恶化，滥捕滥杀导致大量海洋生物濒临灭绝；二氧化碳的大量排放使得北极冰川融化，北极熊的栖息场所越来越小，它们的数量也在减少；人类随意排放的垃圾，也逐渐侵蚀着海洋的生态环境。这些问题对于人类来说，也许并没有影响，而真正受害的是那些无辜的生物。我们之所以提倡科学发展观，是因为它是发展中国特色社会主义必须长期坚持的指导思想。良好的生态环境是经济社会可持续发展的重要条件，保护自然就是保护人类。在讲授“建设美丽中国”相关内容时，我们着重讲生态文明建设。生态兴则文明兴，生态衰则文明衰。而微电影《孤岛蓝鲸》通过蓝鲸的视角，反映了目前存在的过度捕捞、海洋污染等生态问题。地球上的生物不仅仅只有人类，人类要与地球上其他生物和谐相处。在中国特色社会主义现代化建设的过程中，希望可以通过该片引起社会各界对环境问题的关注，同时也试图通过该微电影给当代大学生以启示，将所学“建设美丽中国”的内容应用于实践，体现“知行合一”的教育理念。

在“原理”课教学中，我们会重点讲授规律是客观的，要在尊重客观规律的基础上发挥主观能动性。人类要在尊重自然规律的前提下生产生活，那种过度开发、打破自然规律的行为是不可取的。联系具有普遍性、多样性，联系是有条件的。人类破坏了自然环境，自然反过来就会报复人类，自然环境遭到了破坏，生态系统就会失衡，继而就会引发一系列的社会问题，最终遭殃的还是人类自己。此外，在讲对立统一规律的时候，我们会讲到同一性，它是指矛盾双方相互依存、相互贯通的性质和趋势。对于人类和环境而言，他们互为存在的前提，在一定条件下可以相互转化。自然界是人类社会形成的基础，人类社会的存在和发展又反过来影响并不断改变着自然界。因此，要二者兼顾，把握好二者之间的平衡，才能实现整个社会的良性循环发展。《孤岛蓝鲸》这部影片对于教学来说直观、形象，有助于学生更好地理解相对抽象的理论知识。

课程反馈

为了实现实践教学成果向教学课堂的延伸和应用，充分发挥优秀微电影作品的功能，进一步深入推进微电影教学改革，我们将微电影《孤岛蓝鲸》分别在“概论”课和“原理”课中进行了应用尝试。从同学们的反馈来看，大家对《孤岛蓝鲸》进行了解读和思考，达到了本片预想的效果。

2005 年，时任浙江省委书记的习近平同志提出“绿水青山就是金山银山”的理念。保护环境从来不是一件简单的事，但也不是什么困难的事，大学生不仅要走路带风，更要带走垃圾。发展，绝不能以牺牲环境为代价。看看这个满目疮痍的地球，倘若有朝一日生态系统彻底崩溃，我们人类又何尝不像那只无助的蓝鲸呢？所以行动起来吧，保护地球母亲，刻不容缓，义不容辞。有的同学直抒胸臆，在这个动画中，他们看到人类大肆捕捞海洋生物，使得大片海域失去生机。由于人类的不当活动，全球气候变暖，冰川融化，以致北极熊掉入海中死亡。因此，我们要树立环保意识和生态意识，坚持并践行科学发展观。除此之外，我们还应坚持低碳环保、植树造林，为改善全球变暖的状况做出自己的努力。对向海洋排放垃圾的行为，应加以谴责并制止。海洋不仅是人类的海洋，更是包括蓝鲸在内的众多生物的海洋。海洋生态的破坏会影响居住在海洋里的生物，而最后也会给整个生物圈带来灾难。片尾，蓝鲸又踏上了寻找净土之旅，同在一个地球上，如果不进行生态文明建设，又哪里有真正的净土呢？蓝鲸的旅途，也正在委婉地诉说着人类对海洋环境的破坏。

视频链接：http://hbutv.hbu.cn/2018/0130/13595.shtml.

《地球脉动》

微影简介

微电影《地球脉动》，荣获2020年首届中国（南充）科普微电影大赛“院校单元”十佳影片奖、2018年“繁星奖”河北大学思政课微电影大赛一等奖。该片以环保为主线，以地球及地球上的动植物为素材，并通过动画手段将其艺术化、形象化，以纪录片的形式反映了保护环境的主题。微电影首先对自然生态环境进行了描述，反思了工业社会以来人类肆意破坏环境的行为以及由此引发的严重后果。工业社会以来，人们的生活水平有了提高，大量私家车充斥着街道，高楼大厦鳞次栉比。在享受美好生活的同时，人们却没有意识到自然环境在慢慢恶化。人类肆意捕杀动物，导致许多动物濒临灭绝；树木被人类过度砍伐，地球没有了以往的生机。这些破坏环境的行为使地球变得非常脆弱。接下来，影片提示，面对急剧恶化的自然环境，人类可以从身边的小事做起，只要我们行动起来，积极保护环境，世界就会充满生机。那时候阳光普照大地，风和日丽，河水清澈，整个世界都是绿色的。影片最后呼吁人们行动起来，为保护环境贡献自己的力量。《地球脉动》倡导我们养成低碳、健康的生活方式，节约自然资源，积极保护环境。地球孕育了人类灿烂的文明和无数的动植物，然而，进入工业社会以来，人口的激增、污染物的排放让她不堪重负。面对日益严重的环境问题，我们每一个人都不能置身事外。我们不仅要感谢地球母亲的养育之恩，更要学会如何去保护她。就像影片中所说的，地球赋予我们生命，我们也应当还它一片生机。人人为我，我为人人，保护环境何尝不是心存大爱的表现呢？我们要从点滴小事做起，尽自己所能，共同守护美好的家园。毕竟，世界拥有绿色，地球才有脉动。

课程应用

根据微电影主题，《地球脉动》可以运用在“概论”课和“原理”课中。

在“概论”课中，我们会讲到全面协调可持续是科学发展观的基本要求。自第一次工业革命以来，人类文明高速发展，随之而来的还有人口激增、环境污染等一系列问题，地球没有了昔日的美丽。在21世纪的今天，我们面对这样的地球母亲，不仅要感恩生命的伟大，更要学会如何去保护地球，正如中国特色社会主义理论体系中的科学发展观思想，我们要坚持可持续发展，在发展经济的同时不忘保护生态环境。良好的生态环境是经济社会可持续发展的重要条件，保护自然就是保护人类，所以每个人都应该行动起来。除此之外，我们还要加强生态文明宣传教育，增强全民节约意识、环保意识、生态意识，形成合理消费的社会风尚，营造爱护生态环境的良好风气。而微电影《地球脉动》，恰恰以独特的视角反思了工业社会以来人类肆意破坏环境的行为。影片从海洋、天空、陆地三个角度展现了破坏环境的严重后果，警示我们要保护地球，从自己做起，守住祖国的绿水青山。那样，我们的未来才会更好，更充满希望。在中国特色社会主义现代化建设的过程中，像《地球脉动》这种反映环境保护问题的影片十分重要，它旨在呼吁更多的人关注环境保护问题。同时，也试图通过该微电影，引发当代大学生对生态文明建设问题的关注和思考，将所学思政课内容应用于实践，为保护环境贡献自己的力量。

课程反馈

为了实现实践教学成果向教学课堂的延伸和应用，充分发挥优秀微电影作品的功能，进一步深入推进微电影教学改革，我们将微电影《地球脉动》分别在“概论”课和“原理”课中进行了应用尝试。从同学们的反馈来看，大家对《地球脉动》进行了解读和思考，达到了本片预想的效果。

看完影片，有同学认为，《地球脉动》这部微电影虽然只有短短的 6 分 31 秒，但是它却深深震撼了同学们的内心。这部微电影采用的色调十分简单，在前半部分只有黑白灰三色，配上缓慢的音乐，让人更容易静下心来思考地球生态这个十分严肃的问题。3 分 16 秒时，影片加入了绿色元素，音乐也开始逐渐轻快起来。5 分 50 秒时，突然出现了大片的彩色元素。看到这个微电影，同学们首先联想到的是一个名叫《见》的公益游戏。这个公益游戏讲述了一个视障人士历尽艰险去海边看日出的故事，前半部分同样也是只采用压抑的黑白灰色调，最后主人公来到海边，眼里散发出耀眼的光芒。我们相信地球的生态环境也会如此，只要保护好今天的绿水青山，这个蔚蓝色的星球定会一直闪耀。有的同学直抒胸臆，通过观看这部微电影，他认识到地球母亲对于我们的重要性。随着人类文明和科技的发展，人类的一举一动无不影响着地球的未来。作为地球上的一分子，我们不应该过度向地球索取，而要回报自然、保护地球。还有的同学看完影片后感触颇深，地球孕育了万物，包括我们人类文明，但是随着人类文明的发展，人口数量逐渐增加，对地球母亲造成的负担也越来越大。人类和大自然是一体的，如果大自然遭到破坏，那么人类也无法独善其身。所以，我们应该从现在开始，走可持续发展之路，弥补之前为了发展而造成的对环境的破坏，让我们可以更好地生活在这个蓝色星球上。

视频链接：http://www.bjcipt.com/jlp/24588.html.

《美丽雄安之白洋淀》

微影简介

微电影《美丽雄安之白洋淀》，荣获 2017 年“繁星奖”河北大学思政课微电影大赛二等奖。该片以纪录片的形式展现了雄安新区美丽的白洋淀景观。雄安新区，千年大计。雄安，天骄之城，万众瞩目；白洋淀，雄安明珠，冀中之肺。踏上雄安之旅，让我们随着影片一起走进白洋淀这片用鲜血染红的土地，感受大美雄安的独特之处吧！影片开头向我们展示了白洋淀景区一年四季的独特之美，成片的芦苇荡和连片的荷花吸引了很多游客前来观赏。接下来，影片向我们介绍了雄安新区的概况和白洋淀的地理位置。镜头一转，呈现在我们眼前的是一大片茂密的芦苇荡。白洋淀具有光荣的革命传统，水上游击队、雁翎队当时就是在这片芦苇荡开展游击战争，同敌人英勇斗争的。乘船行驶其中，河水清澈，芦苇倒映在水面，风景怡人。

随后，剧组成员对随行的开船师傅进行了采访。师傅说，自从雄安新区建立以来，白洋淀景区的客流量大幅增加，自己的收入也因此提高，游客具有很高的文化素养，在与游客相处的过程中也拓展了自己的知识面。由此可见，雄安新区的建立对白洋淀景区的发展具有积极的推动作用。结束游船之旅，跟随镜头，我们来到了观景长廊，它是观赏荷花的最佳地点。雄安新区的设立，对于集中疏解北京非首都功能，探索人口经济密集地区优化开发新模式，调整优化京津冀城市布局和空间结构，培育创新驱动发展新引擎，具有重大现实意义和深远历史意义。

课程应用

根据微电影主题，《美丽雄安之白洋淀》可以运用在“概论”课、“德法”课和“原理”课教学中。

在“概论”课“建设美丽中国”的内容讲授中，我们将授课重点放在生态文明建设上。生态兴则文明兴，生态衰则文明衰。中华传统文化历来强调天人合一、尊重自然的理念，五千多年的中华文明就是在人与自然的和谐共生中生生不息、绵延不绝的。微电影《美丽雄安之白洋淀》以纪录片的形式向我们展示了白洋淀景区美丽的生态环境，这也从侧面反映出国家十分重视生态环境的建设。雄安新区的设立给白洋淀带来了发展机遇，并大大促进了白洋淀地区的经济发展，但这些并没有影响该地的生态环境，人与自然和谐相处在这里体现得淋漓尽致。该影片旨在引起社会各方面对环境保护的关注，为生态文明建设树立典范。

在“德法”课中，我们会讲到民族精神。在中华民族的悠久历史中，重精神是其优良传统。但是，当前社会出现了一些不良风气，比如拜金主义、享乐主义等，这些风气正在慢慢侵蚀着大学生，主流价值观受到冲击。针对当前这些不良风气，弘扬民族精神显得尤为重要。白洋淀有着光荣的革命历史，承载着抗日战争的历史记忆，这是一片用英雄鲜血染红的土地。微电影《美丽雄安之白洋淀》既可以让我们铭记历史，不忘初心，也能让游客们在游玩的同时感受先辈们的革命精神。

在“原理”课中，我们会讲到联系，联系具有普遍性，任何事物之间以及事物内部诸要素之间都有联系。雄安新区的建立给白洋淀景区带来了发展机遇，同时促进了旅游业的发展，提高了人民收入，这是一个良性循环。雄安新区的设定和白洋淀是相互促进的，白洋淀的建设也同时促进了雄安新区的生态建设，这也符合习近平总书记提出的“绿水青山就是金山银山”的生态发展理念。

课程反馈

为了实现实践教学成果向教学课堂的延伸和应用，充分发挥优秀微电影作品的功能，进一步深入推进微电影教学改革，我们将微电影《美丽雄安之白洋淀》分别在“概论”课、“德法”课和“原理”课中进行了应用尝试。从同学们的反馈来看，大家对《美丽雄安之白洋淀》进行了深入思考，达到了本片预想的效果。

从历史感悟方面来看，有同学说，白洋淀在抗日战争时期是著名的游击战地点，在抗战期间出现了许多抗日英雄。白洋淀这片生机勃勃的土地，春夏秋冬不同的时节，风景也各不相同，各有特色，芦苇丛生，荷花绮丽，鱼鸭满淀，是著名的华北明珠，而这些都是革命先辈用鲜血换来的。每当同学们看到白洋淀的美景时，心里都会涌起对革命先辈的崇高敬意和对祖国的热爱。有的同学还提到，看完微电影，欣赏完白洋淀景区美丽的芦苇风景，让他不禁回想起小时候看《小兵张嘎》时，水上游击队借助芦苇丛抗击敌人的情景。

从现实感悟来看，有同学看了《美丽雄安之白洋淀》微电影后，认为白洋淀不仅历史悠久，自然美景也赏心悦目。雄安新区的建立不仅带动了白洋淀的经济发展，民众素质也相应提高。雄安新区的建立有利于全面深化改革，为实现中华民族伟大复兴的中国梦提供有力支撑。有的同学更是直抒胸臆，雄安新区的设立使得外来游客越来越多，但是环境却没有因此而遭到破坏，根本原因是国家提出的可持续发展战略，使我国在经济飞速发展的同时，也很好地保护了生态环境。同学们越深入了解我国国情，就越发自豪和骄傲！白洋淀水域辽阔，水源充沛，流域内河淀相通，烟波浩渺，白洋淀这颗华北明珠定会在未来焕发出无限生机与活力。

视频链接：http://www.bjcipt.com/jlp/22631.html.

六、精准扶贫主题微电影应用

《大山深处》

微影简介

微电影《大山深处》，荣获 2016 年河北大学思政课微电影大赛一等奖。摆脱贫困、实现全面小康，是党中央向全国人民做出的庄严承诺。精准扶贫，不只是“扶贫困”，更是“扶人心”，只有依靠自己勤劳的双手改变现状，创造美好生活，才是真正的脱贫。《大山深处》以纪录片的形式展示了河北省阜平县顾家台村的脱贫历程。影片首先向观众介绍了顾家台村的基本状况，之后，创作团队通过实地取景、采访村民等方式，生动展现了党和国家的扶贫政策为顾家台村带来的显著变化，尤其是村中居民住房、劳作方式、基础设施和精神文明建设等方面的变化。其后，创作团队采访了村民及皮具厂负责人。淳朴的村民介绍了党和国家的扶贫政策在村中的具体实施情况，并推荐了本村的特色农家乐，邀请各地游客前来游玩参观。皮具厂负责人还向采访者介绍了党和国家的扶贫政策在招商引资中所发挥的巨大作用。紧接着，拍摄者记录到 66325 部队军医在顾家台村定期义诊的真实画面，用实例展现出党和国家精准扶贫的决心。最后，影片列出党和国家在精准扶贫之路上的代表性人物与相关画面，旨在教育大学生要学习贯彻党和国家的精准扶贫政策，用实际行动投身到扶贫的历史性工程中。《大山深处》用真实的镜头记录了一座小村庄的大变化，用实事求是的态度展示出党和国家扶贫政策的实际效果，用原汁原味的村民生活彰显出党和国家始终将人民利益放在首位的执政理念。村庄虽小，村民虽少，但是，在奔向小康的奋斗之路上，一个也不能掉队。顾家台村正是无数贫困山村脱贫致富的缩影，其中熔铸了习近平总书记的殷切期待，熔铸了广大人民对幸福生活的憧憬和向往，熔铸了中华民族走向伟大复兴的梦想！

课程应用

根据微电影主题，《大山深处》可以运用于“概论”课和“原理”课中。

在“概论”课教学中，我们会讲到，党和国家在致力于保障和改善民生的过程中，最大的工程就是脱贫攻坚。2020 年是决战脱贫攻坚的关键时期，越是到最后，脱贫攻坚的难度也就越大。2020 年，实现农村贫困人口全部脱贫，是党中央向全国人民做出的庄重承诺。截至 2019 年末，全国农村贫困人口由 2012 年末的 9899 万人减少至 551 万人，彰显了中国共产党领导的绝对优势以及中国特色社会主义制度的巨大优越性。我国幅员辽阔，贫困地区多为边远山区，基础设施不完善、交通出行不方便、自然资源贫乏，部分农村以留守儿童和空巢老人居多，各种因素综合在一起，加大了脱贫攻坚的难度。为打赢脱贫攻坚战，必须要确保扶贫工作务实、脱贫过程扎实、脱贫结果真实。

微电影《大山深处》通过展现河北省阜平县顾家台村的脱贫历程，使同学们充分了解了脱贫攻坚的政策以及坚持中央统筹、省负总责、市县抓落实的工作机制的内涵。一个小村庄脱贫成功，走向致富之路绝对不是轻轻松松完成的。脱贫攻坚，贵在坚持，重在精准。同时，党和国家扶贫脱贫政策涉及各个方面和领域，通过对贫困地区的产业扶持、劳动力转移和辅助就业、易地搬迁补贴、支持乡村教育以及村民医疗救助等措施实现脱贫，对于完全或部分丧失劳动能力的贫困人口实行相应的社保政策。通过观看微电影，同学们结合河北省阜平县顾家台村的脱贫历程，可以深刻感悟到中国共产党为什么能、马克思主义为什么行、中国特色社会主义为什么好，从而激励同学们为实现中华民族伟大复兴的中国梦贡献自己的力量。

在“原理”课教学中，我们会讲到人民性是马克思主义最鲜明的品格，人民群众在社会历史发展中起决定作用。人民群众是历史的创造者，我们要坚持马克思主义群众观点，贯彻党的群众路线。微电影中阜平县顾家台村的脱贫历程，折射出我们党打赢脱贫攻坚战的决心，体现了党全心全意为人民服务的宗旨。顾家台村的显著变化离不开党和人民的共同努力，体现了党为人民群众办实事的工作作风。同学们通过观看微电影，可以深刻理解马克思主义的人民性，理解马克思主义政党区别于其他政党的鲜明特征，增强对唯物史观和群众史观的学习与实践。

课程反馈

为了实现实践教学成果向教学课堂的延伸和应用，发挥优秀微电影作品对教学课堂的辅助功能，进一步深入推进微电影教学改革向纵深方向发展，我们将微电影《大山深处》分别在“概论”课和“原理”课中进行了应用尝试。从同学们的反馈来看，大家从不同视角、不同维度，不同程度地对《大山深处》进行了立体解读和深入思考，达到了本片预想的效果。

从生产力是社会发展决定因素的角度看，有的同学认为，精准扶贫最核心的问题就是抓好经济，只有自觉靠勤劳的双手去改变现状，创造美好的生活，才是真正意义上的脱贫。在顾家台村脱贫后，我们更应该着眼于扶贫工作的未来，化已有成绩为前进动力，为脱贫攻坚战提供宝贵经验，努力打赢脱贫攻坚战，为人民谋福利。

从党和国家经济政策的发展变化看，有的同学认为，顾家台村的脱贫之路反映出我们党和国家始终秉持发展为了人民、发展依靠人民的理念。中华人民共和国成立后，我们党开展了轰轰烈烈的土地改革运动。社会主义改造后，我国建立了社会主义制度。1978 年改革开放后，我国实现了由站起来到富起来的伟大飞跃。2020 年全面建成小康社会，标志着我们离实现中华民族伟大复兴的中国梦又近了一步。

有的同学从个人主观能动性角度思考，扶贫还要扶志，改变懒惰不主动、不思进取的落后思想，调动人们的积极性，从根本上改变贫困户落后的精神面貌和思想状态，使之意志坚定、开拓进取，立志改变自身贫穷落后状况，从而促使其个人与家庭脱贫，甚至带动家乡致富。

有的同学认为，脱贫需要党和国家有力的政策支持、社会的广泛关注和个人的不懈奋斗。顾家台村的脱贫告诉我们，要着眼于扶贫工作的未来，让现有的成绩成为前进的动力。幸福不会从天而降，好日子都是奋斗出来的。靠辛勤劳动摆脱贫困，才能过上幸福的新生活。

视频链接：http://hbutv.hbu.cn/2018/0125/13536.shtml.

《爱唱歌的牛》

微影简介

微电影《爱唱歌的牛》，荣获2020年首届中国（南充）科普微电影大赛“院校单元”十佳影片奖、河北大学2020年度“共抗疫情·爱国力行”“精准扶贫·全面小康”主题微电影大赛一等奖。该影片以打赢脱贫攻坚战中的经典案例为原型，讲述了一名青年在党的扶贫政策的帮扶下，坚守理想，克服困难，拒绝诱惑，最终实现自我价值和社会价值的感人故事。农村青年栓子在初中时攒钱买下了一把吉他，平时弹琴唱歌，但爷爷和父亲却将这视作不务正业。父亲打工受伤后，栓子挑起家庭的重担，靠网络直播补贴家用。几年后，栓子已经在网络上小有名气，有骗子提出以10万元购买他的直播账号。正在栓子犹豫不决时，村支书向他介绍了党和国家的扶贫政策，建议栓子在村中的网店从事分拣、运输以及直播带货的工作。栓子果断听取村支书的建议，毅然删除了骗子的联系方式，开始在村里的网店打工赚钱，并利用网络直播宣传村中的农产品。这不仅改变了栓子一家的贫困面貌，也改变了爷爷和父亲对他职业的偏见。最终，栓子一家逐渐摆脱贫困，奔向小康生活。影片结尾，栓子在田间弹着吉他轻唱，这是对人生的讴歌，对家乡的赞歌。《爱唱歌的牛》在精准脱贫的社会大背景下，以微电影的形式展现了扶贫之路上的典型案例，赞扬青年人将个人命运融入时代浪潮，投身伟大的社会变革，最终实现个人价值与社会价值。该片展现了脱贫攻坚总目标与个人价值之间的融合，彰显了社会理想与个人梦想的有机统一，旨在赞扬为实现脱贫目标而努力奋斗的普通人，教育新时代青年要感恩党的好政策，激励青年人积极投身到乡村振兴的伟大战略中，努力谱写出无愧于时代的伟大篇章。

课程应用

根据微电影主题，《爱唱歌的牛》可以运用在“德法”课和“概论”课中。

在“德法”课教学中我们会讲到，科学高尚的人生追求总是与奋斗、奉献联系在一起，大学生要自觉把人生目标与国家前途、民族命运、人民幸福联系在一起。虽然我们的能力有大小、职业有不同，但只要用正确的人生态度解决实际问题，就能实现人生价值。因此，我们要用正确的态度对待人生，明确生活的目标，求真务实，脚踏实地，乐观进取，自强不息，做一个有价值、负责任的人。当代中国正处于中华民族伟大复兴的关键时期，建设社会主义现代化强国任重道远。当代青年要自觉将人生目标同国家和民族的前途命运紧密联系在一起，要正确认识国家和民族赋予的历史使命，自觉与国家和民族共奋进、同发展。

青年的价值取向关系着个人健康成长，也关乎未来社会的价值取向。当代世界正处于大发展、大变革、大调整时期，各种社会思潮相互交融，价值观念呈现多元化、复杂化的新特点，因此，我们要用正确的价值观引导当代青年。微电影中，栓子喜爱唱歌，听从村支书的建议，把自己的一技之长用于乡村建设，最终实现了自身的社会价值。其中，栓子的职业选择可以引起大学生对于自己职业方向的思考。我国社会的不断发展为个人价值的实现提供了有利条件和机遇，大学生应从个人的自身条件出发，通过各种方式不断提高自身的综合素质。担当新时代赋予的历史责任，与祖国同行、与人民同在，在服务人民、奉献社会的实践中创造有意义的人生。

微电影《爱唱歌的牛》除了可以应用在“德法”课教学之外，还可以应用在“概论”课教学中。

党和国家坚持在发展中保障和改善民生，坚持以人民为中心，以实现全体人民共同富裕为奋斗目标。党中央高度重视解决贫困问题，先后就扶贫工作出台了一系列的方针政策。微电影中，村支书利用党和国家的扶贫政策，加强对群众的思想引导和教育，建设乡村，造福村民。党和国家对于贫困地区首先给予经济补贴、减免税收等财政支持，同时，在人才、技术、资源等方面也向边缘山区倾斜，既让群众真实感受到党和政府的关怀，又切实转变贫困户“等、靠、要”的思想，激发自我脱贫的内生动力，实现“要我脱贫”向“我要脱贫”的思想转变，真正做到扶贫同扶智、扶志相结合。

党的根基深植于人民，党的力量来源于人民。一切为了人民，紧紧依靠人民，既是对党的优良传统的总结，也是新的历史条件下对党的群众路线的继承和发展，是党全心全意为人民服务的根本宗旨在新的社会实践中的生动体现。

课程反馈

为了实现实践教学成果向教学课堂的延伸和应用，发挥优秀微电影作品对教学课堂的辅助功能，进一步深入推进微电影教学改革向纵深方向发展，我们将微电影《爱唱歌的牛》分别在“概论”课和“德法”课中进行了应用尝试。从同学们的反馈来看，大家从不同视角、不同维度，不同程度地对《爱唱歌的牛》进行了立体解读和深入思考，达到了本片预想的效果。

有的同学从栓子追求梦想和现实的冲突角度思考，指出青年人都有梦想，希望大家在以后的日子里，能对生活和自己的兴趣保持热爱。诗和远方很美，但如果不能去远方，也可以回到家乡，为家乡的发展奋斗。

还有一些同学从党和国家政策的角度思考，认为脱贫攻坚政策让他们看到了新的希望，脱贫攻坚的决心让他们吃了定心丸。在脱贫攻坚战中，许多青年积极参与其中，用他们的力量帮助家乡脱贫。在此过程中，自己也得到了提升，不仅实现了自身价值，更为实现小康目标奉献了自己的力量。

有的同学从个人价值的实现角度思考，认为主人公对家乡的态度发生了变化，从家乡能给自己带来什么到自己能给家乡带来什么。作为当代大学生，要实现个人价值，做有理想、有本领、有担当的时代新人，就要好学上进、视野宽广，坚定理想信念，志存高远，脚踏实地，真正成为担当民族复兴大任的时代新人，承担起自己的历史使命和时代责任。

从大学生职业规划的角度来看，有的同学认为，就业是最大的民生。大学生就业难是普遍现象，我们既要有忧患意识，提早做好职业规划，同时也要坚持物质和精神的统一、社会价值和个人价值的统一。虽然我们创造的价值有大有小，但在走向岗位上时，也应自觉承担社会责任。

视频链接：https://mp.weixin.qq.com/s/lOFYKkamltXMi16DQvc0qQ.

七、爱国力行主题微电影应用

《坚守》

微影简介

《坚守》是一部抗疫题材的微电影作品，荣获 2021 年“共抗疫情·爱国力行”主题微电影大赛一等奖。《坚守》真实地记录了新冠肺炎疫情防控期间，交警、医务工作者、社区志愿者及援鄂英雄坚守在抗疫一线的工作情况，表达了对疫情期间坚守在工作岗位的抗疫人员的敬佩之情。2020 年，突如其来的新冠肺炎疫情打破了我们平静的生活，让原本热闹的春节多了几分冷清。在党中央的领导下，全国人民团结起来，投入抗击新冠肺炎疫情的战斗中。公路上，看到最多的是交警指挥交通的身影；医院里，到处是医护人员忙碌着的身影；城市社区、农村村口，志愿者们坚守值勤岗位，做好出入车辆及人员的登记、排查工作。他们默默坚守、无私奉献，带给我们安全感，也保障了我们的正常生活。影片还引用了习近平总书记在人民大会堂会见世界卫生组织总干事谭德塞的一段话：“我相信只要我们坚定信心、同舟共济、科学防治、精准施策，我们一定会战胜这一次的疫情。”这话提振士气、鼓舞人心。影片中援鄂凯旋的医护人员受到民众热烈欢迎，确实让人泪目。本片聚焦这些平凡的英雄，用镜头记录他们的抗疫事迹，向坚持在抗疫一线的工作者致敬。阴霾终将散去，疫情必将被战胜。

课程应用

根据微电影主题，《坚守》可以运用在“原理”课和“德法”课的课堂讲授中。

在“原理”课教学中，我们会讲到人民群众在历史发展中的作用。人民群众是历史的创造者，是社会历史实践的主体。在重大疫情面前，人民群众作为社会物质财富和精神财富的创造者，将社会物质生产与疫情防控相结合，做到生产防控两不误，在疫情背景下创造了大量的物质财富。与此同时，疫情期间所呈现出的伟大抗疫精神也展现了人民群众所创造的精神财富。在疫情防控中，无论是交警、志愿者，还是奋战在一线的医护人员，他们都坚守岗位，成为抗疫前线的重要角色。正是他们的坚守，我们才能众志成城，共抗疫情，携手共渡难关。人民群众的力量在疫情防控中发挥了重要作用。

在“德法”课教学中，我们会讲到社会主义核心价值观的内容。社会主义核心价值观是当代中国精神的集中体现，凝结着全体人民共同的价值追求。大学生要深刻领会社会主义核心价值观的科学内涵和重要意义，自觉践行社会主义核心价值观，努力成为培育和弘扬社会主义核心价值观的先进代表。爱国、敬业、诚信、友善的价值追求，回答了我们要培育什么样的公民的重大问题，涵盖了社会公德、职业道德、家庭美德、个人品德等各个方面，是每一个公民都应当遵循的道德规范。有了这样的价值追求，人们才能更好地处理个人与国家、社会和他人的关系，不断提升自己的思想境界。抗击疫情的胜利，是各行各业的劳动人民共同努力的结果，他们将爱国这个社会主义核心价值观内化于心，外化于行，成为新时代的表率。青年的价值取向，既关系着自己的成长成才，又决定着未来整个社会的价值取向。青年是引风气之先的社会力量，在全社会培育和弘扬社会主义核心价值观，需要大学生走在时代前列，成为社会主义核心价值观的坚定信仰者、积极传播者、模范践行者。

课程反馈

为了实现实践教学成果向教学课堂的延伸和应用，充分发挥优秀微电影作品反哺教学课堂的功能，进一步深入推进微电影教学改革向纵深方向发展，我们将微电影《坚守》在“德法”课中进行了应用尝试。从同学们的反馈来看，大家通过观看《坚守》，对自己的人生态度和人生追求有了更深入的思考，达到了本片预想的效果。

从防疫人员的榜样示范作用来看，很多同学被防疫人员的行为深深打动。有这样一群人，面对疫情逆风前行，义无反顾；有这样一群人，用信念与责任为人民的安全护航，用坚持和勇气撑起生命的保护伞。本该是家人团聚，但包括武汉在内的各地医务工作者却挡在疫情之前，用自己的血肉之躯，筑起护佑人民健康的坚固长城。不仅是医务工作者，还有各行各业的逆行者们，如加班加点紧急生产医用口罩、防护服的工厂工人们，有火神山、雷神山医院的建设者们，等等。他们都坚守在自己的岗位上，为我们做出了表率，发挥了积极的榜样示范作用，值得我们尊敬和学习。面对这场没有硝烟的战争，同学们也在用自己的力量进行防疫，积极服从学校的安排，进行线上学习，并积极配合学校的封校管理工作。

从坚守的意义来看，只有懂得坚守，才有可能获得成功。人生如登山，只有不畏艰险、勇于攀登的人，才能到达顶峰，体验“一览众山小”的成就感。攀上顶峰固然令人兴奋，攀登过程也是一种收获。所以，结果固然重要，体验的过程更值得回味。即使道路坎坷不平，车轮也要前进；即使人生道路有山川阻挡，我们作为人生的攀登者，也要努力登上山顶，实现自己的人生价值。每一步的成长都蕴含着我们对知识的渴求，我们希望自己能够通过思考和研究去理解事物的本质。许多时候不是看到希望才去坚持，而是坚持了才能看到希望。学生为了学业坚守，军人为祖国坚守，医生为病人坚守，工人为产品坚守，教师为学生坚守，一个词道出了多少人为挚爱的事业所付出的艰辛和汗水。也许他们没有豪言壮语，也许他们没有惊人的成就，只是为了心中的信念默默地付出着、奉献着，但他们却是生活中最值得尊重的人，正是这些人的奉献和坚守，才造就了我们这个和谐的社会，才有了我们美好的生活。

从人生的意义与价值角度来看，有同学认识到，即使是最平凡的岗位，也能发挥出巨大的价值。影片真实记录了交警、医务工作者、社区志愿者及援鄂医护人员疫情期间坚守在抗疫一线的工作情况。在观看的过程中，同学们对这些英雄们默默坚守在自己的岗位投以崇敬的目光，对他们充满了敬仰之情。看着他们工作的背影，同学们感受到他们的奉献带得我们的温暖。疫情并不可怕，但打赢这场战役，需要的不只是这些奋战在抗疫一线的工作者们，而是我们每一个人。疫情还没结束，他们还在坚守，还有很多像他们一样的人，为了整个城市的正常运行，为了我们的正常生活，坚守在自己的岗位，正是因为他们的坚守，才成全了我们的美好生活。

从祖国未来发展的光明前景来看，我们相信，在全国人民的共同努力下，我们必将打赢这场没有硝烟的战争，而经历了这场磨难的我们的国家和民族，必将在走向复兴的道路上更加稳固和强大。这次疫情，让我们看到了一方有难、八方支援的伟大中国精神，也让我们深切体会到中国特色社会主义制度的优越性以及中国共产党领导的强大力量。

视频链接：https://mp.weixin.qq.com/s/hdqd5Fh3nMLs521mINplVA.

《平凡·不凡》

微影简介

微电影《平凡·不凡》，荣获2021年河北大学“共抗疫情·爱国力行”主题微电影大赛二等奖。本片以去武汉支援抗疫的小朱、任教授以及感染新冠肺炎的小然同学为视角，为我们展现了奋战在抗疫一线的医护工作者的故事。影片开始，小朱放假在家，关注着武汉疫情的动态，当小朱得知武汉需要支援，便及时联系了准备去武汉支援的任教授，表达了想一同去武汉支援的意愿。任教授对其行为表示赞赏，可是小朱作为学生，还是要和父母商量一下。小朱同学挂断电话后，并没有向母亲说明真实情况，而是告诉妈妈大年初二就要返校跟着老师做项目，小朱妈妈支持孩子的学业，便同意了。随后小朱和任教授一同赶赴武汉。来到武汉医院后，正好医护人员在给外地医生配发防护用品，并表示由于物资紧张，医护人员需要减少脱防护服的次数。为了节省时间，小朱来武汉之前就把自己的长发剪短了，许多医护人员为了减少上厕所的次数，也提前买了成人用的尿不湿。为了战胜疫情，同时间赛跑，同病魔斗争，大家做出了许多牺牲。

影片的另一线索，家在武汉的大学生小然去市场买菜，没过几天传出一名新冠确诊患者曾去过那个市场的消息。小然去医院检查，不幸的是小然确诊了，随后住院进行治疗。任教授和小朱来到小然的病房查房，看到勤奋好学的小然，询问她的身体状况和学习状况，当得知小然要报考研究生时，任教授便鼓励她好好学习。随后，小朱和任教授来到 3 号病房，病房里的病人情绪不稳定，拉着任教授的防护服，表示不想住院，任教授和小朱耐心地给患者做思想工作。

武汉疫情日渐严重后，小朱的妈妈担心女儿，打电话让她从学校赶回来，妈妈从女儿闪躲的言语中猜出她可能去武汉支援疫情了，非常担心。小朱表示武汉需要她这样的医护工作者，让母亲和父亲照顾好自己的身体，不要担心她。电话结束后，小朱调整情绪，继续照顾病人。影片中插入了一段习近平总书记去武汉火神山医院视察，同正在病区工作的医务人员代表视频连线的场景，习近平总书记代表党中央向他们表示了崇高敬意。本片通过援鄂医生和新冠肺炎患者两条主线，还原武汉抗击新冠肺炎疫情的历程。影片表达了武汉疫情防控的胜利，要归功于无数平凡的医护工作者的奉献，有赖于全国人民来自四面八方的支援，依靠于党的正确领导和祖国强大的支持。

课程应用

根据微电影主题，《平凡·不凡》可以运用在“概论”课和“德法”课教学中。

在“概论”课中，我们会讲到中国特色社会主义最本质的特征是党的领导。中国共产党是中国特色社会主义事业的坚强领导核心，武汉疫情防控取得的重大胜利，充分彰显了中国共产党的坚强领导以及中国特色社会主义制度的优越性。不仅如此，在全世界疫情严重时，我国向多个国家无偿捐赠医疗用品和生活必需品，为全世界的疫情防控做出了贡献。影片中，小然同学确诊新冠肺炎后，得到及时的救助和治疗，这体现了党和国家始终把人民生命安全和身体健康放在第一位的执政理念。新冠肺炎疫情防控期间展现出的中国速度、伟大的抗疫精神以及坚持以人民为中心的发展思想，极大地增强了同学们的自信。

在“德法”课教学中我们会讲到，大学生要争做有理想、有本领、有担当的时代新人。青年一代有理想、有本领、有担当，国家就有前途，民族就有希望。大学生应该着力提升思想道德素质和法治素养，成为走在时代前列的开拓者、奋进者、奉献者。影片中，小朱同学支援武汉的行为，向我们展现了新一代大学生作为国家宝贵的人才资源，是民族的希望、祖国的未来，肩负着人民的重托、历史的重任。该微电影可以激发学生爱国报国的情感，在坚持集体利益和个人利益的统一中实现个人的人生价值；在社会实践中，投身崇德向善的道德实践，向道德模范学习，培养志愿服务精神，强化社会责任意识、规则意识、奉献意识。

精神是一个民族赖以长久生存的灵魂，唯有精神上达到一定的高度，这个民族才能在历史的洪流中屹立不倒、奋勇向前。大学生是民族的希望和祖国的未来，应努力弘扬以爱国主义为核心的民族精神和以改革创新为核心的时代精神，将中国精神转化为行动，勇做弘扬和践行中国精神的时代先锋，为国家富强、民族振兴、人民幸福贡献自己的智慧和力量。在未知的病毒面前，个人的力量虽然渺小，但是中国人民万众一心的力量却是强大的，它为打赢疫情防控阻击战注入了强大的精神力量。通过观看影片，同学们可以结合实际，感受在这场严峻的斗争中全国人民表现出的顾全大局、迎难而上、无私奉献、共克时艰的精神。

课程反馈

为进一步推进微电影教学改革，我们将微电影《平凡·不凡》分别在“概论”课和“德法”课中进行了应用尝试。从同学们的反馈来看，大家对《平凡·不凡》进行了立体解读和深入思考，达到了本片预想的效果。

从中国力量的角度看，有同学认为，从抗疫前线的浴血奋战，到我国成功控制疫情局面，再到疫情局部暴发，我们在惊涛骇浪中英勇奋战。中国速度、中国效率、中国力量，赋予我们穿越风雨的勇气。每一次重大灾难都是历史的考验和抉择，从艰难困苦中走来，在风霜雨雪中跋涉。虽然个人是微弱的，但团结就是力量，我们伟大的祖国终将带领我们拨云见日，迎接春暖花开。

从民族精神的角度看，有同学认为，面对疫情，冲锋在前的广大医护人员与各行各业的逆行者，留下了最美、最帅的背影。紧急集结进军武汉的医疗队、热心援助的社会力量，那些被口罩勒到破皮的脸颊、被汗水浸到泛白的双手，手术室外席地而眠、疲惫不堪的身影，日夜兼程的援助物资……他们拼尽全力与时间赛跑、跟病毒搏击，在疫情面前筑起了一道道健康防线。在这场没有硝烟的战斗中，他们挺身而出、义无反顾，用实际行动谱写了感天动地的生命赞歌。

从平凡和不平凡的辩证角度看，有同学认为，一场突如其来的疫情打破了人们的平静生活，每个人都是平凡的人，但平凡的人们也在这场灾难中表现出了不平凡，如自愿奔赴疫情城市做志愿者的学生、两个星期建成火神山医院的建设者们、从全国各地支援武汉的医护人员、自行隔离的密接者等。举国上下齐心协力为抗疫做出了自己独特的贡献，也使中国成为全世界抗疫效果最快、最明显的国家，这些成果离不开生活中的每一个平凡的人。

从青年学子应承担的社会责任角度看，同学们认为，在这场抗击疫情的阻击战中，中国青年表现出了大无畏、敢作为的责任意识和担当精神。我们看到了新时代青年不惧风雨、勇往直前的抗疫精神，他们展现了青春的蓬勃力量，交出了一份合格的答卷。在这场疫情防控阻击战中，无数青年学子主动请缨，在抗击疫情中逆行、磨砺、成长，用责任与担当为青春增色、为人民服务、为祖国奉献。

视频链接：https://mp.weixin.qq.com/s/nkfi1TpBd－RrXMKA7IASCQ.

《愿这盛世如你们所愿》

微影简介

微电影《愿这盛世如你们所愿》，荣获 2021 年河北大学“共抗疫情·爱国力行”主题微电影大赛一等奖。本片采取纪录片形式，围绕着抗击疫情主题，以时间为轴，记录抗疫英雄的感人事迹，表达战胜疫情的决心，抒发对抗疫人员的敬佩之情。影片开头，“献给每一位为疫情做出贡献的人”字幕，表明了作者拍摄的用意所在。新冠肺炎疫情暴发初期，一个个重要的时间节点，记录着医护人员抗击疫情的感人故事。2020 年 1 月 20 日，钟南山院士到武汉调研后指出，新冠病毒存在人传人的现象。1 月 23 日，武汉封城，医疗物资告急，医护人员紧缺。此时此刻，他们挺身而出，逆向而行。钟南山院士以 84 岁高龄再次挂帅出征，各地援鄂医疗队驰骋武汉支援。还有无数医护人员舍小家、为大家，为战胜疫情默默奉献，甚至有些医护人员牺牲在抗疫前线。白衣执甲英勇奋战，疫情得以控制。影片最后，画面转向了大学生，“见贤思齐”，大家在疫情期间也积极行动起来，成为抗疫志愿者，测量体温、登记来往人员、进行消杀工作等，以实际行动为抗击疫情贡献自己的一份力量。这正是当代青年该有的模样，这就是盛世中国的新生力量。

课程应用

根据微电影主题，《愿这盛世如你们所愿》可以运用在“概论”课教学中。本片是在新冠肺炎疫情期间制作完成的微电影作品，主要是对抗疫初期我国抗疫情况的新闻报道剪辑。影片配乐得当，张弛有度，表现了抗疫英雄们的无畏精神。在“概论”课中，培育践行社会主义核心价值观，要发扬中国人民在长期奋斗中培育、继承、发展起来的伟大民族精神，即伟大创造精神、伟大奋斗精神、伟大团结精神和伟大梦想精神。2020 年，举国同心，抗击新冠肺炎疫情，让伟大的奋斗精神、伟大的团结精神展现得淋漓尽致。《愿这盛世如你们所愿》真实记录抗疫过程，令人感动，发人深省。总结抗疫经验，党中央坚强有力的领导，全国人民的齐心协力，使得新冠肺炎疫情得到有效控制。面对困难迎难而上，面对危险逆向而行的，是伟大的英雄人物。包括钟南山院士在内的广大医务工作者是时代英雄，是当代中国最勇敢、最可爱的人。同时，奋战在各行各业的普通人也是伟大的英雄。就像片尾所呈现的，“没有从天而降的英雄，只有挺身而出的凡人，他们用无私奉献的精神和专业知识，抗争在第一线，他们应该被人们记住，平凡的英雄!”影片中的抗疫英雄展示出来的伟大民族精神，成为推动中华民族不断向前的精神力量，促使中华民族战胜各种艰难险阻，再创辉煌。

课程反馈

作为抗疫题材的微电影作品，教师在讲授“概论”课关于伟大民族精神时进行课堂应用，同学们观影后深受感动和鼓舞。从同学们的反馈来看，大家结合自己疫情期间的志愿活动，从不同角度谈了自己的收获体会，达到了本片预想的效果。

关于伟大民族精神的理解。伟大奋斗精神是伟大民族精神的重要组成部分，正是依靠全国人民不懈的努力奋斗，中国的疫情才得到有效控制。通过这场没有硝烟的战争，同学们深切感受到中华民族伟大的团结精神。生命重于泰山，疫情就是命令，防疫就是责任！来自全国各地的医护人员纷纷赶赴武汉进行支援，将个人安危置之度外，共同抗击疫情。疫情中的每一位逆行者、每一例成功救助案例，都是全国人民一起奋斗的体现。伟大的团结精神同其他三种精神一起构筑成伟大的民族精神。只要我们心往一处想，劲往一处使，就没有克服不了的困难，渡不过去的难关。纵使我们单个人的力量如同小流，但只要团结起来就可以汇成江河大海。这个充满爱与力量的国家，在大疫面前，万众一心，共同抗疫，用无私无畏的大爱，续写着中国故事。

对英雄的理解与定位。影片让同学们再次回想起抗击疫情的点点滴滴。已经 84 岁高龄的钟南山院士再次挂帅出征，鼓舞国人信心；全国各地的援助医疗队奔赴武汉等疫情重灾区；多少医护人员、志愿者累倒，甚至不幸感染病毒后牺牲。牺牲小我、完成大我的壮举让人泪目。曾经以为，这些人是一些超凡之人，后来我们明白，这些人和我们一样，他们也会怕疼，也不愿与家人分离，只是在关键时刻，他们能够挺身而出，为了祖国和人民，毅然决然地坚持在一线，是他们点亮了生命和希望的灯塔。英雄是伟大的，英雄是至暗时刻的光明之神，是民族危难之时的希望之星。

解读盛世，明确自身使命与责任。作为“00 后”的大学生，观看这部影片之后，同学们对盛世有了更深的体悟。社会安定、生活富足、精神充实、国家强盛，在“00 后”的潜意识里，生活本就是这样的。但是，2020 年的新冠肺炎疫情，给大学生们上了刻骨铭心的一课：岁月静好的背后，是无数平凡英雄的负重前行。有的同学表达了对抗疫人员的崇高敬意，这份敬意升腾于内心，必转化为行动。作为当代大学生，我们应当肩挑重担，勇做担当时代重任的逆行者。在疫情面前，我们应坚定理想信念，坚持党的领导，为抗击疫情尽自己的微薄之力。相信在全国人民的共同努力下，我们一定能够取得这场疫情防控阻击战的最后胜利。

视频链接：https://mp.weixin.qq.com/s/O1jP42FAnzPpX8giH2jc_w.

《战“疫”四“度”》

微影简介

《战“疫”四“度”》是一部抗疫题材的微电影作品，荣获2021年河北大学“共抗疫情·爱国力行”主题微电影大赛一等奖。影片以2020年全国抗击新冠肺炎疫情为背景，分别从中国力度、中国速度、中国温度、中国风度四方面彰显了党的坚强领导、人民的众志成城。疫情暴发初期，在对武汉疫情进行科学研判的基础上，党中央当机立断，武汉封城，店铺关门、路口设卡、小区封闭管理。党中央的快速反应、有效应对，避免了新冠疫情的大规模传播，彰显了中国力度。在新冠肺炎患者“应收尽收”的指示下，中央统一领导，各方协调配合，短时间内火神山医院、雷神山医院拔地而起，多所方舱医院投入使用，大大提高了救治效率。党中央统筹全局、沉着应对，果断采取一系列防控和救治举措，仅用3个月左右的时间，即取得了武汉保卫战、湖北保卫战的决定性胜利，中国向世界展示了中国速度。武汉疫情暴发，全国各地的医务工作者，特别是医务战线的共产党员主动请缨，奔赴抗疫一线，成为最美的逆行者，守护武汉人民、湖北人民、全国人民的安全，让十四亿人民感受到中国温度。在疫情得到有效控制后，中国积极支援有关国家，积极开展抗疫交流合作，彰显了一个负责任大国的担当，为构建人类命运共同体贡献力量，展现了中国风度。《战“疫”四“度”》构思独特，设计巧妙，寓意深刻，以绘画、文字、旁白相结合的形式，图文并茂、绘声绘色地展示了中国力度、中国速度、中国温度、中国风度。这四个方面是中国特色社会主义制度优越性的体现，是党的性质宗旨的彰显、是中国精神的凝练、是大国担当的表现。

课程应用

根据微电影主题，《战“疫”四“度”》可以运用于“概论”课和“德法”

课教学中。

在“德法”课弘扬中国精神的相关教学中，我们会讲到，人无精神则不立，国无精神则不强。中国精神是兴国强国之魂，实现中华民族伟大复兴的中国梦，必须弘扬中国精神。以爱国主义为核心的民族精神和以改革创新为核心的时代精神为基本内容的中国精神是国家富强、民族振兴的精神力量，也是应对各种危机挑战的精神支柱。《战“疫”四“度”》中对民族精神、时代精神进行了具体阐述。习近平总书记在十三届全国人大一次会议上将伟大民族精神概括为伟大创造精神、伟大奋斗精神、伟大团结精神和伟大梦想精神。伟大的时代孕育伟大的精神，在抗击新冠肺炎疫情的过程中，形成了“生命至上、举国同心、舍生忘死、尊重科学、命运与共”的伟大抗疫精神。伟大抗疫精神同中华民族长期形成的特质禀赋和文化基因一脉相承，是爱国主义、集体主义、社会主义精神的传承和发展，是中国精神的生动诠释，丰富了民族精神和时代精神的内涵。时代精神是民族精神的延续，民族精神是时代精神的根基，两者汇聚形成的中国精神是当代国人的精神支柱和力量源泉。

《战“疫”四“度”》还可以作为讲解爱国主义的辅助视频。“德法”课中强调，爱国主义是千百年来人们在社会实践中形成的对自己的祖国极其忠诚和热爱的深厚情感。抗击疫情期间，医护人员冲在抗疫最前线，救死扶伤、不畏艰险；社区工作人员放弃春节与家人团聚的机会，做好消杀、登记等工作，只为居民的健康安全；建筑工人昼夜不停，保证雷神山医院、火神山医院保质保量完工……各行各业的工作人员，面对来势汹涌的疫情，挺身而出，英勇奉献，这就是对新时代爱国主义精神的最好诠释。爱国、爱党、爱人民是每一个中国公民应该具有的政治觉悟。

在“概论”课中讲授“推动构建人类命运共同体”时，可以应用《战“疫”四“度”》中的中国风度进行阐述。《战“疫”四“度”》之中国风度是人类命运共同体理念在抗疫中的生动体现。在国内疫情得到有效控制的同时，中国捐赠医疗物资、派出医疗专家组，对多个国家进行援助，将中国风度体现得淋漓尽致。新冠肺炎疫情暴发以来，中国作为一个负责任的大国，秉承人类命运共同体理念，及时向世界卫生组织通报中国疫情，分享病毒基因序列，积极参与国际抗疫合作，分享抗疫经验，派出中国抗疫医疗队，与世界各国并肩作战，共抗疫情。2020 年 3 月，习近平主席在二十国集团领导人应对新冠肺炎特别峰会上指出，当前，新冠肺炎疫情正在全球蔓延，国际社会最需要的是坚定信心、齐心协力、团结应对，全面加强国际合作，凝聚起战胜疫情强大合力，携手赢得这场人类同重大传染性疾病的斗争。新冠肺炎疫情是全球性的公共卫生突发事件，也是全球共同面对的危机和挑战。构建人类命运共同体，关键在行动，就像影片中所展示的，只有国际社会秉持人类命运共同体理念，同舟共济、团结协作，才能凝聚成战胜疫情的伟力，才能建设一个持久和平、普遍安全、共同繁荣、开放包容、清洁美丽的世界。

课程反馈

《战“疫”四“度”》短小精悍，从中国力度、中国速度、中国温度、中国风度四个方面概括抗疫过程、总结抗疫经验、讴歌抗疫精神、展现全球治理理念。同学们观影后感悟良多，主要体现在以下几个方面。

从构建人类命运共同体的角度，结合“概论”课内容，许多同学对人类命运共同体有了更深刻的领悟。有同学在感悟中谈到，我们都明白，一场疫情的暴发，不只是一个城市、一个国家的灾难，更是对全世界人民的威胁。面对国外疫情危机，我国对有需要的国家毫不吝啬地施以援手。新冠肺炎疫情是全人类面临的共同挑战，需要国际社会通力合作，携手应对。

从党的初心使命角度看，抗疫期间，中国共产党人始终牢记党的初心使命，极好地发挥了党员干部的先锋模范作用。同学们感叹，一个个最美的逆行者，努力成为群众危难时刻的贴心人、主心骨，担负起疫情防控的责任。他们挺身而出、英勇奋斗、扎实工作，经受住考验，想方设法克难攻坚，以实际行动践行初心使命，以勇敢担当为党旗增辉添彩。

在疫情面前，党和国家始终把人民群众的生命安全和身体健康放在第一位，把疫情防控工作作为当前最重要的工作来抓，用爱心、责任、担当、作为，为疫情防控阻击战持续助力。伟大的抗疫斗争，让我们更加坚信：有中国共产党的坚强领导，有中国特色社会主义制度的巨大优势，有亿万中国人民共同奋斗的精神，未来的中国，必将在民族复兴道路上一往无前！

从爱国主义角度看，通过抗击疫情的生动案例，同学们深切地意识到，爱国主义不是空喊的口号，而是切切实实的行动。爱国主义是具体的，不是抽象的，全国人民都在用自己的方式，表达对国家和人民的爱。这场疫情，让所有华夏儿女的心紧紧地连在了一起，让我们的爱国情怀油然而生。共抗疫情，爱国力行。我骄傲，我有一个强大的祖国！我骄傲，我是中国人。

从对生命与生活的感悟看，突发的疫情让我们体会到了生命的短暂和疫情的无情，同时也让我们懂得了生命的可贵和人间的大爱，让我们更加珍惜现在的美好生活和这世间的温情。每个人的生命都是有限的，我们要积极地做些有意义的事情，我们也要更加珍惜时间、珍惜生命。

从明确努力方向的角度看，身为当代大学生，应当义不容辞地在疫情面前起到表率作用，积极配合党和国家的方针政策，配合学校的工作，为抗击疫情做出自己的贡献。作为大学生，我们应该紧跟党的领导，不忘初心，牢记使命，最终实现自己的价值。

视频链接：https://mp.weixin.qq.com/s/f8dnGCmXgpGeEbvLU39D－w.

八、法制教育主题微电影应用

《铃铛响了》

微影简介

微电影《铃铛响了》，荣获 2016 年河北大学思政课微电影大赛一等奖。影片围绕良知、道义与违法犯罪的现实问题展开，记述了一个走在人生十字路口的青年人被等爸爸回家的失明小女孩唤醒内心道德与良知的故事。故事主人公王建国因家人生病住院，需要手术治疗，手术的成功率低且费用高昂，王建国四处借钱，却没有借到。一筹莫展之际，他想通过盗窃这种方式获得治疗费。一方面是法律和道德的约束，一方面是家人的救命钱，就在他掐灭烟头时，心中有了答案。他走进一户没有锁门的人家，掀开门帘，观察四周，确定没有人时，他蹑手蹑脚地走进屋里，翻找抽屉，找到一块手表，准备拿走时，碰掉了一串铃铛。铃铛的响声引来了一个小女孩，小女孩问他是不是爸爸。他先是一惊，回头看见小女孩向他走了过来，他慌忙想离开，小女孩却拉住了他的手，告诉他："妈妈说，爸爸去了另一个地方，赚钱治疗她的眼睛，等到铃铛响了，爸爸就回来了。"他抬头看到小女孩爸爸的遗照，低头看着手表，原来这个失明小女孩失去了爸爸，而手表也许是她爸爸的遗物，他心里挣扎了一下，躺在病床上的家人急需用钱，但小女孩的话却如同"清脆的铃铛声"，唤醒了他内心的良知。影片结尾小女孩坐在家门口，手里的铃铛掉落了下来，王建国把它捡起来放到小女孩的手里，同时把手表也放到她手里。王建国离开后，小女孩的妈妈回来了，小女孩欣喜地告诉她爸爸回来了。王建国背着书包，开启了新的征途。微电影中，主人公在犯法与守法之间徘徊，主人公的出现给失明小女孩带来了爸爸回来过的欣喜，而失明的小女孩让主人公在面对生活的无情时，守住了道德和法律的底线，最终没有因为私心而走向违法犯罪的道路。希望世间所有人可以对自己的行为负责，遵纪守法，弘扬道义。

课程应用

微电影《铃铛响了》可以运用在"德法"课和"原理"课中。

"德法"课教学更偏重提升学生的思想道德素质和法治素养。大学阶段是学生形成正确的世界观、人生观、价值观的重要时期。在教学中，我们会强调加强个人道德修养和法治素养的重要性。法治离不开道德对个人的约束，道德离不开法治的强力保障，道德和法治共同促进社会的平稳发展。当今国际形势复杂多变，各种思潮激荡，多元文化和生活方式交错碰撞，这些都容易造成青年在成长过程中价值迷失的情况，而大部分学生由于情感、心理以及身体各方面都不成熟，其世界观、人生观、价值观有待进一步塑造。青年的价值取向，不仅关系着个人的健康成长，也影响着整个社会的平稳发展。大学阶段是学生从校园逐渐迈向社会的过渡时期，这一时期不仅是大学生思想道德意识形成发展的重要阶段，也会影响其一生的思想道德修养。微电影《铃铛响了》中的主人公为了筹得家人的手术费不惜铤而走险，最后被等着爸爸回家的失明女孩唤回了内心的道德与良知。通过主人公内心的矛盾冲突，引发学生对于道德和法律的思考，并且探讨在现实生活中，面对诸多诱惑和选择，我们该如何做出正确的价值判断和选择，该如何为自己的行为负责。

大学生的成长成才和全面发展离不开正确价值观的导向，社会主义核心价值观是当代中国精神的集中体现，作为社会主义事业的建设者和接班人，大学生要在学习生活实践中感知和领悟，并转化为情感认同和行为习惯。学生通过观看微电影，可以由电影推及自己和现实生活，比如有的大学生为了追求名牌手机和衣服而不惜铤而走险，最后锒铛入狱；有的为了快速获取钱财而借高利贷，最后因为还不上借款而自杀；也有大学生和宿舍同学因为琐事争执而相互斗殴，甚至伤害他人性命。该微电影可以使大学生对价值观判断和选择、道德和法治等问题进行思考和讨论。

微电影《铃铛响了》除了可以应用在“德法”课中，还可以应用在“原理”课中。在教学中，我们会讲到意识对物质的反作用，意识具有调控人的行为和生理活动的作用。微电影中的小女孩虽然眼睛失明，父亲也不在身边，但是她仍然保持着快乐的童心，这是因为母亲善意的谎言，告诉她爸爸虽去了很远的地方，但仍然牵挂着她，可以让女孩乐观积极地面对生活。通过学习意识的能动作用，让学生联系实际讨论并思考，在生活中要发挥人的主观能动性，以积极的心态面对生活的困难和挫折。

大学生心理健康问题越来越引发社会关注，在校期间，他们会面对学业、就业、家庭以及社会的各种压力。通过观看微电影，同学们结合实际，探讨自己该如何控制情绪，以乐观的心态来面对生活中的不如意，从而更好地理解意识的能动作用，达到学以致用的目的。

课程反馈

为充分发挥优秀微电影作品对教学课堂的反哺功能，实现教学成果向教学课堂的延展和应用，我们将微电影《铃铛响了》分别在“概论”课和“原理”课中进行了应用尝试。从同学们的反馈来看，大家从不同视角、不同维度，不同程度地对《铃铛响了》进行立体解读和深入思考，达到了本片预想的效果。

从违法必究的角度看，有的同学认为，善恶只在一念之间。人生并非一帆风顺，遇到挫折时，道德会是指引我们行动的标杆，法律不会因为生活窘迫就宽恕我们，蔑视法律，铤而走险，终会付出代价。

从良知和道德的角度看，有同学认为，法律虽然是社会有力的保障，但是每个人仍要守住内心的良知与道德。法律规范着人们的行为，虽然有惩罚机制，却很难杜绝人们的违法行为，而道德是无形的，只有不断提升自身道德水平，才能更好地避免违法和犯罪。

从自己承担责任、为行为负责的角度看，有的同学认为，当男主人公将铃铛捡起的那一刻，他的良知已经盖过了内心的邪念。我们都有可能在一些情况下做一些错事，但最终，我们要为自己的行为负责，不去做那些违背良知和法律的错事。

从意识的能动角度看，有同学认为，我们可以自己控制自己的思想，进而把控我们的行为。我们要时刻提醒自己，要为自己的行为负责，不能让生活的重担摧毁我们的良知，要相信办法总比困难多，只要努力，总会成功。

视频链接：http://hbutv.hbu.cn/2018/0125/13538.shtml.

《团圆饭》

微影简介

微电影《团圆饭》，荣获 2015 学年河北大学思政课微电影大赛一等奖。影片围绕法与情的关系问题展开，讲述了老郭的几个儿女因征地赔偿款产生矛盾，小儿子用法情结合的方式化解了矛盾纠纷，最终全家吃上团圆饭的故事。故事主人公小枫的父亲老郭，听村民说小枫正在给村民讲法，便要去看看放假还未回家的儿子。小枫正在院子里给村民普及法律知识，村民提出了赔偿款如何划分的问题，小枫解释道，按照法律规定，地是谁的赔偿款就给谁分，但同时也指出，一家人可以商量着分。回到家后，老郭说出最近家里的困扰，前几天村里派人把征地赔偿款发了下来，第二天一早，大儿子夫妇和老郭的小女儿就因为赔偿款相继赶了回来。吃饭时，大儿子的媳妇刘阳询问赔偿款怎么分，老郭提出平均分，刘阳对此表示不满，和小女儿争执了起来。老郭为此发了愁，想让小枫给出建议，小枫表示一家人商量着来就行。而老郭提出赔偿款平均分的方法，老大一家子不同意，小枫为了让一家人和睦，帮父亲解决这个难题，决定去做大嫂和大哥的思想工作。小枫来到大嫂家，和她沟通，不过大嫂情绪激动，认为赔偿款平均分对于他们不公平，小枫解释这也是根据法律规定的处理方法，但大嫂仍然表示不同意平均分。屋内的争执引发了大哥的不满，大哥破门而入，指责大嫂说话过分，欺负自己的亲人，大嫂则认为大哥不袒护她，夺门而出。大哥向小枫表示他同意平均分。大嫂跑着跑着突然肚子疼了起来，老郭见状连忙喊人来帮忙。一家人把大嫂放到床上，小枫提出请个大夫来家里看病，老郭想了一下，把银行卡拿了出来，告诉大儿子所有的钱都给大儿媳妇，一家人不要再因为钱吵得不可开交了，而大哥表示同意平均分，父亲没有收入，还是拿着钱养老吧。这时医生进来了，医生根据大嫂的症状，判断她应该是怀孕了，一家人都为这个好消息而感到高兴。老郭嘱咐大哥照顾好大嫂，一家人开始轮流照顾大嫂的生活起居，大嫂被亲情感动了，不再提不同意平分的事，矛盾纠纷最终在亲情中化解，一家人吃上了团圆饭。

课程应用

根据微电影主题，《团圆饭》可以运用在“概论”课和“德法”课中。

在“概论”课教学中，我们会讲到法治是现代文明的制度基石，我国坚持依法治国和以德治国相结合。社会主义法治体系的建设，需要全体成员共同参与，因此，我们要推动全社会成员遵法、学法、守法、用法，推动全社会树立法治意识。大学生准确把握法治思维的科学内涵，正确理解法治思维，逐步培养法治思维，提高运用法治思维分析、解决实际生活问题的能力。学习和掌握基本的法律知识是培养法治思维的前提。在日常生活中，大学生除了在学校的“德法”课中学习法律常识，也可以通过其他途径学习法律知识，比如，收听收看法制节目、阅读法律类报纸杂志、通过网络学习法律知识等。在学习和生活中逐渐提高法治思维能力，培养法治思维方式。

普法宣传教育是依法治国、建设法治社会的重要内容，也是构建社会主义和谐社会的应有之意。改革开放以后，我国农民法律意识有了很大提高，但农村地区普法教育还需继续推进。微电影《团圆饭》中，小枫作为村里的大学生，利用假期向村民普及法律知识，反映了现实生活中仍有很大一部分群体对于法律认知不够，法律意识不高。作为正在学校接受高等教育的大学生，可以利用假期积极参与当地社区、村委会或者学生自发组织的普法实践活动，向村民或社区成员普及法律知识，让他们了解基本的法律常识，学会正确运用法律武器。法治思维是一种思辨性思维，与长期自觉养成的生活习惯有很大关系，公民只有自觉遵守宪法和法律，坚持从具体事情做起，才能养成守法的习惯和法治思维。

微电影《团圆饭》除了可以应用在“概论”课教学之外，还可以应用在“德法”课教学中。法律是治国之重器，良法是善治之前提，但现实社会中的法律问题往往具有复杂性，对于家庭内部纠纷，我们常常鼓励协商解决，这是因为自古以来我国就有重视家庭的文化传统。古人认为，家和万事兴，能齐家才能治国、平天下。观看影片，可以引发大学生对于家庭、家教、家风的思考，中国梦不是抽象的，而是体现在千千万万个幸福美满的家庭中。《团圆饭》中，一家人最终吃上了团圆饭，这离不开小枫的耐心沟通和大嫂的及时醒悟。影片可以让学生结合生活实际认识家庭和睦、邻里和谐对国家、社会和个人的重要性。

课程反馈

为了展现微电影在教学课堂的作用，发挥优秀微电影作品辅助教学课堂的功能，进一步在课堂中延伸和应用微电影教学成果，深入推进微电影教学改革的纵深发展，我们将微电影《团圆饭》分别在“概论”课和“德法”课中进行了应用尝试。同学们观看影片后开展了积极讨论，对影片进行了立体解读和深入思考，达到了本片预想的效果。

从提高国民思想素质的角度来看，有同学认为，很多家庭矛盾来自家庭成员对问题的不同认知。微电影中，小枫具有较高的文化素养，在赔偿款分配一事上具有理性的认识，劝导家庭成员和睦相处，而嫂子等人只知道争夺赔偿款，这反映出我国人民精神文化素质不平衡的现象。新一代青年普遍受到良好的教育，而在一些落后地区，部分居民精神文化素养还有待提高，普法教育还有很长的路要走。

从家和万事兴的角度来看，有同学认为，只有一家人和睦才能坐在一起吃一顿真正的团圆饭。一家人和和睦睦，有什么事情共同商量，兄弟姐妹齐心协力才能让家庭变得更好。

从法律促进社会和谐的角度来看，有同学认为，剧中老大妻子极力为自己争取更多利益的行为是不被法律支持的。同时，从小枫一家矛盾冲突的不断演变中，同学们感受到亲情力量的强大，亲人永远是最令人感到温暖的。我们应该尊重父母、珍惜亲情，不要因为利益与亲人产生隔阂。和谐的家庭关系是和谐社会的重要组成部分，我们应该从自身做起，维护家庭和谐，维护社会和谐。

视频链接：http://hbutv.hbu.cn/2016/0923/11007.shtml.

《饭局》

微影简介

微电影《饭局》，荣获 2014 年河北大学思政课微电影大赛一等奖。影片围绕诚信与守法的问题，讲述了一个来城市打工的农民工由于劝说无果，把偷工减料的老同学举报的故事。故事主人公徐大明来到饭店，找到另一位主人公王浩订的房间。王浩正在打电话，电话中他对校长说绝对不可能用水泥代替混凝土，同时信誓旦旦地向校长保证在开学之前按时按量完工。看到徐大明到来，王浩说早就想请老同学吃饭，只是因为工地太忙，脱不开身。王浩又问老同学在工地适应的情况，徐大明表示对工地的工作和工资都很满意。就在这时，王浩舅舅的电话打断了二人的谈话。王浩挂断了舅舅的电话后，通过一个动物骨头制成的手串，透露自己的发财秘诀。徐大明认为挣钱需要守住底线，王浩反驳挣钱就是底线。之后，王浩又接了一通电话，电话中他告诉老方千万不要用混凝土，用杂草掺水泥代替就行。王浩挂断电话，向徐大明表明自己这顿饭的真正目的，让他不要把工地偷工减料的事情泄露出去，这样包里的两万元钱和以后的升迁机会都是他的，不然就让他离开工地，同时用徐大明父母的生命安全进行威胁，让他好好考虑。徐大明劝说老同学不成，只能去相关部门举报，王浩等相关人员由于涉嫌偷工减料被逮捕。微电影中，徐大明和王浩是老同学，却因为人生观、世界观、价值观的不同最终走向殊途。影片告诉我们，个人的奋斗离不开道德和法律的约束，企业家更不可因为金钱而把生命安全当作儿戏。

课程应用

微电影《饭局》可以运用在“德法”课和“概论”课中。

在“德法”课教学中，我们会讲到，我国坚持依法治国和以德治国相结合。国无德不兴、人无德不立，公民道德是一个国家社会风尚好坏、文明程度高低的风向标和测量仪。道德对人们的实践行为具有认识、规范、调节等功能，中华传统美德是我们宝贵的精神财富，核心和本质是公私之辨。自古以来，在“义”和“利”发生冲突矛盾时，我们都强调先义后利。新时代，我们要实现传统美德结合时代的创造性转化和创新性发展，用传统美德滋养社会主义道德建设。微电影《饭局》中，王浩作为学校工程的负责人，首先违背了职业道德中的诚实守信原则。诚实就是真实无欺，既不自欺，也不欺人；守信就是重诺言，讲信誉，守信用。诚实和守信是统一的。就个人而言，诚实守信是高尚的人格力量；就社会而言，诚实守信是正常秩序的基本保证；就国家而言，诚实守信是良好的国际形象。在职业道德中，诚实守信是对从业者的道德要求。它不仅是从业者步入职业殿堂的通行证，体现着从业者的道德操守和人格力量，而且是在行业中扎根立足的基础。职业道德中的诚实守信，要求从业者在职业活动中诚实劳动、合法经营、信守承诺、讲求信誉。大学生要自觉讲道德、守道德，加强品德修养，锤炼道德品质。微电影中，王浩等人在学校建设工程中偷工减料等行为，反映出社会中仍然存在着自欺和欺人现象，同学们可以结合影片联系社会实际，思考并探讨诚实守信的重要性以及如何加强社会主义道德建设。同时，在加强个人品德修养的相关内容中，同学们可以思考如何培养职业道德和职业道德对于社会规范秩序的重要性。在对大学生进行就业指导时，也要引导大学生树立正确的就业、择业观，树立正确的职业道德。法治国家需要我们每个公民的共同参与，在依法治国、建设法治中国的进程中，大学生肩负着重要责任。大学生要担当民族复兴大任，不仅要加强思想道德修养，而且要努力提高法律素养，以实际行动带动全社会崇德向善，努力做遵法、学法、守法、用法的模范。

微电影《饭局》除了可以应用在“德法”课教学之外，还可以应用在“概论”课教学中。

法律是治国之重器，良法是善治之前提，全面依法治国是关系我们党执政兴国、人民幸福安康、党和国家长治久安的重大战略问题。微电影《饭局》中，王浩最终受到了法律的制裁，体现了法律面前人人平等原则，任何组织和个人违反法律都要受到追究。全体社会成员尊重社会主义法律权威，不仅是保证法律发挥作用的基本前提和要求，也是保障个人平安幸福的底线和红线。尊重和维护法律权威，对全面依法治国至关重要。我们党历来重视法治建设，学生可以通过影片思考中国特色社会主义法治国家的含义和特征，更好地理解“科学立法、严格执法、公正司法、全民守法”的方针；通过探讨和学习世界各国的法治经验，理解世界优秀法治文明成果对于我国的借鉴意义。守住法律底线，法律红线不可逾越，法律底线不可触碰。国家公职人员以权谋私、徇私枉法，是触犯法律底线的具体表现；公民应当依法纳税，而偷税漏税也是触犯法律底线的具体表现。因此，大学生应当坚持从我做起，形成底线思维，严守法律底线，带头遵守法律。

党的十八大以来，党中央明确提出全面依法治国的新理念新思想新战略。我国创造出经济快速发展、社会长期稳定“两大奇迹”和我国不断推进社会主义法治建设有着十分密切的联系。在全面建设社会主义现代化新征程中，要更加重视法治、厉行法治，更好发挥法律对社会长远稳定发展的保障作用。在日常生活中，大学生的行为也必须在自觉遵守法律规范的基础上，善于运用法治思维来化解社会矛盾，加深对法治国家、法治社会的理解。

课程反馈

为了实现实践教学成果向教学课堂的延伸和应用，充分发挥优秀微电影作品反哺教学课堂的功能，进一步深入推进微电影教学改革向纵深方向发展，我们将微电影《饭局》分别在“德法”课和“概论”课中进行了应用尝试。从同学们的反馈来看，大家从不同视角、不同维度，不同程度地对《饭局》进行了立体解读和深入思考，达到了本片预想的效果。

从诚信的角度看，有的同学认为，做人做事最重要的就是诚信，为了利润偷工减料，不仅丢掉了诚信，还会危害他人的生命安全。该片通过王浩告诫我们，不管做什么，诚信是第一位的，而且永远不要触碰法律的底线。天网恢恢，疏而不漏，一旦违法，必定会受到法律的制裁。

从价值观的角度看，有同学认为，主人公王浩唯利是图，在承包的学校建设工程中用廉价水泥代替混凝土，藐视学生生命安全，为了达到个人目的不择手段。反观徐大明，虽然是一个普通的打工人，学历也不高，但是拥有正确的人生观、世界观、价值观，我们的社会正是因为有更多这样的人才得以发展。我们应该学习徐大明，为社会做出自己的贡献。

从职业道德的角度看，有同学指出，社会上像王浩这样的人，他们只顾自己的得失，丧失了职业道德；而像徐大明这样不忘初心的人，则始终坚守道德底线，不因他人的威胁而放弃自己的职业道德。在我们的日常生活中，不缺乏像徐大明这样的人，也正是因为他们的存在，我们的祖国才有今天的繁荣富强。

从提高法律素养和思想道德修养的角度看，我们要大力加强社会主义思想道德建设，如果所有人都遵守法律和道德，那么这个社会就是光明的，就是积极向上、充满正能量的。

视频链接：http://hbutv.hbu.cn/2015/0123/7944.shtml.

九、青春励志主题微电影应用

《幸福阳光》系列

微影简介

微电影《幸福阳光》系列共两部。《幸福阳光》是河北大学马克思主义学院柴素芳教授将幸福观教育融入课堂的生动实践。影片中，刚考上大学的窦豆在父亲不支持其读大学的情况下，通过打工赚取学费。在成功入学后，又与室友因价值观不同而产生口角，经历了爱情受挫、家教工作被辞退等打击后，窦豆对自己的人生感到迷茫无措。但他在柴素芳老师的鼓励和“感动中国人物”高淑珍的事迹影响下，找到了人生的方向，选择去青海支教，实现了自己的价值。影片以“青春·梦想·幸福”为主线，以大学生窦豆成长中遇到的问题为关注点，以“善行河北”典型人物——唐山市滦南县洼里村高淑珍的善行义举为施教素材，引导大学生正确认识幸福、用双手创造幸福、用积极的态度体验幸福、用爱心传递幸福，兼具创新性、真实性、趣味性和价值性，用“微”电影呈现出“大”世界。剧中多数演员都是河北大学的学生和思政课教师，具有“原生态”的特质。该片于2014年获保定市首届大学生微电影大赛最佳编剧奖、一等奖；2017年获教育部“我心中的思政课”微电影展示活动三等奖。

《幸福阳光2》为2013年河北大学首部微电影《幸福阳光》的续集。本科学习金融学专业的窦豆，在思政课教师柴素芳的指导下找到幸福的方向，到青海支教。回到学校后，他选择读思想政治教育专业研究生。毕业在即，他和女友杜佳均被北京央企录用，但窦豆心系青海的学生们，想重回青海当老师，二人发生矛盾。窦豆父母也希望儿子到北京央企工作。饭桌上，窦豆朋友肖洒劝解窦豆“理想很丰满，现实很骨感”。窦豆深感有愧于父母和女友，但心底异常挂念青海那些声声呼唤他的孩子们。在巨大的心理压力下，他找到柴老师倾吐心声。柴老师勉励他铭记习近平总书记对青年的寄语——让青春之花绽放在祖国最需要的地方，并希望窦豆让青春“因梦想而激扬，因奉献而厚重，因奋斗而幸福”。柴老师的悉心点拨，让窦豆坚定了自己的奋斗方向。在通往青海的火车上，窦豆收到了女友的微信，“希望未来我们都能成为更好的人、更值得爱的人”。

课程应用

根据微电影主题，《幸福阳光》和《幸福阳光 2》可以运用在“德法”课和“概论”课中。

在“德法”课教学中，我们会讲到人生的青春之问，强调树立正确的人生观，拥有积极的人生态度和高尚的人生追求。怎样才能不虚度人生，这是萦绕在每一位大学生心头的青春之问。人生观决定着人生道路的方向，也决定着人们行为选择的价值取向和用什么样的方式对待生活。作为大学生，应该正确认识和处理个人与社会的关系，把小我和大我更好地统一起来，把自己的人生追求同社会的发展进步紧密结合起来，在为社会做贡献的过程中成长进步。在微电影《幸福阳光》里，初入校园的窦豆迷茫过、失落过，但是最终窦豆找到了自己的人生方向，树立了正确的世界观、人生观、价值观。他选择去青海支教，将自己的人生追求同国家发展进步紧密结合起来，通过不懈努力实现了自己的人生价值。与此同时，窦豆也在坚定理想信念的指引下，选择了正确的人生道路。理想指引方向，信念决定成败，如果说社会是大海，人生是小舟，那么理想信念就是引航的灯塔和远航的风帆。没有理想信念的人生，就像失去了方向和动力的小船，在生活的波浪中随处漂泊，甚至会沉没于急流之中。理想信念是人生发展的内在动力，大学期间，大学生不仅要提高知识水平，增强实践才干，更要坚定崇高的理想信念。微电影《幸福阳光 2》中的窦豆，放弃了去北京央企工作的机会，在父母和女朋友都反对的情况下，毅然决然地再次踏上去青海支教的路，正是心中崇高的理想信念支撑着他的选择。窦豆将个人奋斗目标与国家、民族的奋斗目标相统一，把个人理想融入社会理想之中，将个人梦融入中国梦。青春只有在为祖国和人民的真诚奉献中才更加绚丽多彩，人生只有融入国家和民族的伟大事业才更有意义。

在“概论”课教学中，我们会讲到坚持和发展中国特色社会主义的总任务，也就是实现中华民族伟大复兴的中国梦。伟大民族憧憬伟大梦想，伟大梦想成就伟大民族。中国梦的实现必须弘扬中国精神，必须凝聚中国力量。实现中华民族的伟大复兴，是一项光荣而艰巨的事业，需要每一个人付出艰苦努力，用实干托起中国梦。窦豆将个人梦与中国梦紧密联系起来，投身西部教育，用自己的力量为中国梦的实现添砖加瓦，以实际行动建设祖国，用艰苦奋斗创造出了自己的幸福。实现中国梦任重而道远，需要锲而不舍的艰苦努力。道路不可能一帆风顺，蓝图不可能一蹴而就，梦想也不可能一夜成真，正是靠着窦豆这样的有志青年发挥不怕吃苦、不怕困难的艰苦奋斗精神，中华民族伟大复兴的事业才能蒸蒸日上。只要一代又一代的中国人勠力同心、不懈追求、接力奋斗，我们就一定能够达到中华民族伟大复兴的光辉彼岸。

课程反馈

为了实现实践教学成果向教学课堂的延伸和应用，充分发挥优秀微电影作品反哺教学课堂的功能，进一步深入推进微电影教学改革向纵深方向发展，我们将微电影《幸福阳光》和《幸福阳光 2》分别在“概论”课和“德法”课中进行了应用尝试。从同学们的反馈来看，大家从不同视角对《幸福阳光》系列微电影进行了立体解读和深入思考，达到了预想的效果。

有的同学认为，窦豆的幸福是奋斗出来的，他坚持了奋斗幸福观，明白人生的价值在于奋斗。其实幸福可以很简单，窦豆不怕困难、不怕吃苦，放弃在北京央企的工作机会，毅然在家人反对的情况下去青海支教，为祖国的发展奉献自己的力量，用奋斗的汗水收获了自己的幸福。可见，幸福都是奋斗出来的，奋斗的人生才是幸福的人生。

有的同学更明确了物质财富和精神财富的关系，认为精神上的富足比物质上的富裕更加重要。物质财富就如身体，精神财富则如灵魂，窦豆守住了自己的初心，守住了自己的精神世界。金钱不能代表一切，钱也不是万能的，精神层面的富足才是我们感到快乐、收获幸福的源泉。

有的同学通过窦豆的事例，明白了树立崇高理想信念的重要性，作为当代大学生，应该投身到祖国的建设中去，奉献也是一种幸福。

大多数同学都认识到在以后的学习和工作中，要学会与人为善，找到与同学和舍友相处的方法。初入校园的我们，也许不能很快适应新的校园环境、新的同学和新的学习模式，但是，保持对他人的尊重和理解，是我们必须具备的品质。同时，我们要懂得感恩，学会理解和悦纳他人的不同之处，做一个温暖的人，温暖身边的人，照亮身边的人。

视频链接：《幸福阳光》http://www.bjcipt.com/jqp/21775.html；
《幸福阳光2》http://www.bjcipt.com/jqp/22704.html.

《春天里》

微影简介

微电影《春天里》，荣获2016年河北大学思政课微电影大赛一等奖。本片讲述了在中国梦背景下的新生代青年农民工王二山，在亲情和爱情遭遇挫折的情况下，不断努力和奋斗，最终实现梦想的故事。影片的开场是对几位农民工的采访，他们用乡音诉说着对家的思念，最后一个入镜的农民工便是本部微电影的主人公王二山。出门打工半年多的王二山十分想念在老家的女朋友和正在读书的弟弟，思乡心切的他一直想回家看看他们。回乡之前，他在友人的陪伴下，用辛苦打工赚的钱给女朋友买了衣服，给弟弟也买了喜欢的书籍，满心欢喜地回到了家乡。为了不打扰弟弟上课，王二山将买好的书请老师转交后便到女朋友家去，可女友却开始嫌弃一无所有还要供弟弟上学、照顾生病爷爷的王二山。在爱情与现实面前，王二山的女朋友选择与他分手。影片的结尾，王二山没有被失败的恋情和生活的压力打倒，他仍然努力工作，用自己的劳动换来了幸福。弟弟争气地考上了理想的大学，而王二山也收获了新的爱情。王二山对自己承诺，他要用全部的光和热，为自己的家庭和社会而努力奋斗。该影片是中国梦在青年农民工身上的体现，传播着昂扬向上的世界观、人生观和价值观。学生们通过拍摄这部微电影，既教育了自身，也呼唤更多人去关注、关心青年农民工群体，走进他们的内心，了解他们的梦想。幸福中国的构建需要每一个人的努力。活在人世间，每一个人都在奔波中生存，爱情、事业……太多的人生课题，在不断地考验着我们。纵然人生几多风雨，但一时的挫折，从不会击垮勇敢的追梦者。让人生在平凡中出彩，奋斗的人生才精彩！

课程应用

根据微电影主题，《春天里》可以运用在“概论”课和“德法”课中。

在“概论”课教学中，我们会讲到建设现代化经济体系，推动城乡发展一体化进程的相关内容。农民工群体就是推动城市建设的重要力量，他们离开家乡去城市打拼，背负着家庭的重担，也承担着社会责任。如何妥善处理好城镇化建设中农民工群体的问题，如何让农民工获得更多幸福感，是值得我们深思的问题。很多农民工在外出打工时，由于缺少和家人、朋友的联系，会面临各种各样的问题。微电影《春天里》以一个普通农民工王二山的视角，展现了当代农民工艰苦奋斗而又顽强不屈的精神面貌。在城镇化建设和脱贫攻坚中，许多像王二山一样的青年积极参与其中，用他们的力量积极脱贫。在此过程中，自己也得到了提升，不仅实现了自身价值，更为实现小康目标奉献了自己的力量。该微电影引发当代大学生对农民工群体的关注和思考，并探讨解决这一问题的具有可操作性的方案，将所学思政课内容内化于心、外化于行，充分体现了“知行合一”的教育理念。

微电影《春天里》除了可以应用在“概论”课教学之外，还可以应用在“德法”课教学中。

梦想是一个神圣的字眼，每个人都拥有梦想，都可能实现梦想。这个梦想包含着个人梦，也组成了中国梦。新时代的广大青年应该拥有坚定的理想信念，坚持个人理想与社会理想的统一，为实现中国梦注入青春能量。理想信念是人的精神世界的核心，作为人的精神之“钙”，对青年的成长和成才至关重要。漫漫人生，唯有激流勇进、奋力拼搏，方能中流击水，抵达理想的彼岸。理想信念既是指引人们穿越迷雾、辨识航向的灯塔，也是激励人们乘风破浪、搏击沧海的风帆。微电影《春天里》的主人公王二山将坚定的理想信念付诸奋斗的实际行动，在坚定理想信念的指引下，创造出了个人的幸福。每一个青年的前途都离不开国家的前途，没有国家的前途也就没有青年的前途。大学生肩负实现中华民族伟大复兴中国梦的历史重任，只有把实现理想的道路建立在脚踏实地的奋斗上，才能放飞青春梦想，实现人生理想。祖国的富强、民族的繁荣、人民的幸福，需要每一个社会成员的努力奋斗。青春只有在为祖国和人民的真诚奉献中才能更加绚丽多彩，人生只有融入国家和民族的伟大事业才能闪闪发光。

课程反馈

为了实现实践教学成果向教学课堂的延伸和应用，充分发挥优秀微电影作品反哺教学课堂的功能，进一步深入推进微电影教学改革向纵深方向发展，我们将微电影《春天里》分别在“概论”课和“德法”课中进行了应用尝试。从同学们的反馈来看，大家从不同视角和维度对《春天里》进行了立体解读和深入思考，达到了本片预想的效果。部分同学反映，影片最后应该加进一些王二山走出失恋之后振作起来继续生活的片段，这样才比较完整，这也是本影片拍摄的遗憾之处。但本片的结局何尝不是一个开放式的结局，给了大家更多的想象空间。

从个人品德角度看，同学们普遍认为，王二山作为基层的青年工作者，他身上的责任和担当正是新青年最珍贵的品质。为了家庭，为了生活，他一人在外拼搏，他知道怨天尤人解决不了任何问题，唯有自己奋斗才可以改变自己、改变家庭。虽然经历了人生的挫折，但他没有放弃对生活的热爱，勇于奋斗，闯出自己的人生。也许我们的人生就是这样，有目标并清晰地为之奋斗，才能得到自己想要的生活。同学们在这部微电影中看到了未来的方向，希望在国家富强的道路上，为中国特色社会主义建设添砖加瓦，贡献自己的一份力量。

从爱情观角度看，同学们也有了新的感触。爱情虽然甜美，可是没有面包的爱情是脆弱的，所以王二山的女朋友拒绝王二山没有绝对的对与错。但是作为新时代的青年大学生，应该拥有正确的爱情观，不能一味追求物质，忽视真挚的情感。物质并不能代表一切，物质也不能代替一切，在爱情中，真心实意、志同道合才是最珍贵的。

从社会角度看，同学们认识到要关注基层人民的生活，只有广大人民群众过得好，才是真的好。

视频链接：http://hbutv.hbu.cn/2018/0125/13533.shtml.

《笑对阴霾》

微影简介

微电影《笑对阴霾》，荣获2016年河北大学思政课微电影大赛一等奖。该部微电影受《滚蛋吧，肿瘤君》这部影片的启发，根据剧组一位同学的真实故事改编。影片中，拥有梦想的某省重点大学校广播电台的主持人许思远，因突然被诊断出得了多发性骨髓瘤，生活一下子发生了翻天覆地的变化。许思远的朋友姗姗和江峰担心他一蹶不振，但是，阳光开朗的许思远却用积极的态度努力生活。他坚持锻炼身体，健康饮食，用乐观的心态过好每一天，而面对心仪的女生，他勇敢追求。许思远的姐姐得知弟弟的病情后，鼓励弟弟积极治疗，战胜疾病。许思远意识到自己可能时日无多了，于是决定去做一些从前没有做却又一直想做的事情。比如为家人做一顿饭，多拍拍照片，再看看学校的日落，好好欣赏一下校园风景……他还录制了最后一期的校园电台节目，认真地和听众告别。病床上的许思远拉着姐姐的手，回忆起小时候的事情，安慰姐姐要积极地面对接下来的生活。他认为死亡是每个人都要经历的过程，死亡只是一种结果，更重要的是怎么活着。影片的最后，许思远点燃了蜡烛，更多的是想点燃希望，笑对人生中的阴霾。很多人在得知自己得了癌症后，往往会一蹶不振，每天过着消极的生活，而许思远却始终保持着对生命的敬重，用微笑面对这个世界的阴霾，笑对人生。有时候，我们经常为了一些生活中的小事而烦恼，但是殊不知，活着本身就是一种幸运，只有活着，人生才有希望。

课程应用

根据微电影主题，《笑对阴霾》可以运用在“德法”课中。在“德法”课教学中，我们会讲到人生观、人生态度的内容。怎样才能不虚度人生，这是萦绕在每一位大学生心头的青春之问。面对社会深刻而复杂的变化，面对信息时代各种思潮的相互碰撞，面对纷繁多样的社会现象，面对学业、情感、职业等多方面的选择，大学生要学会在科学理论指导下，树立正确的人生观。大学生接受高等教育，不仅仅是为了学习专业知识技能，还可以锻炼自己积极乐观的人生态度，一个人有什么样的人生观就会有什么样的人生态度。当一个人对自己的人生观做出了某种明确的选择，实际上就决定了他将如何对待生活，决定了他在实践中将以怎样的方式处理各种问题。反过来，人生态度是人生观的表现和反映。一个人对人生的态度如何，往往又制约着他对整个世界和人生的看法，从而对个人的世界观、人生观产生重要的影响。微电影《笑对阴霾》的主人公许思远，面对疾病仍然保持乐观，继续勇敢地生活下去，他有正确的人生观和积极的人生态度，珍惜当下，无畏死亡。正是这种积极的人生态度，支撑着他迎接挑战，笑对阴霾。

没有积极进取的人生态度，再崇高的人生目标也难以真正实现。走好人生之路，需要大学生正确认识、处理生活中各种各样的困难和问题，保持求真务实、乐观向上、积极进取的人生态度。以认真的态度对待人生，就是要严肃思考人的生命应有的意义，明确生活目标和肩负的责任，既要清醒地看待生活，又要积极认真地面对生活。大学生要学会对自己负责、对亲人负责、对他人负责，进而对民族、国家、社会负责，做一个有价值、负责任的人。要正确认识和处理人生中遇到的各种问题，不能得过且过、放纵生活、游戏人生，否则就会虚掷光阴，甚至误入歧途。只有热爱生活的人，才能真正拥有生活。乐观豁达、热爱生活、对人生充满自信，体现了对自己、对生活、对社会的积极态度，这种态度是人们战胜困难和挫折的心理基础。大学生处于人生的成长阶段，面对各种实际问题，许多事情不会总是一帆风顺，也可能有失望和暂时的困难、挫折。作为当代大学生，要始终保持乐观向上的人生态度，不能因为遇到困难和挫折，就消极悲观、畏难退缩，甚至颓废堕落、自暴自弃。要相信生活是美好的，前途是光明的，遇事要想得开，做人要心胸豁达，在生活实践中不断调整心态、磨炼意志，养成乐观向上的人生态度。

课程反馈

为了实现实践教学成果向教学课堂的延伸和应用，充分发挥优秀微电影作品反哺教学课堂的功能，进一步深入推进微电影教学改革向纵深方向发展，我们将微电影《笑对阴霾》在“德法”课中进行了应用尝试。从同学们的反馈来看，大家通过观看《笑对阴霾》这部微电影，对人生态度和人生观有了更深入的思考，达到了本片预想的效果。

有的同学对主人公许思远表示同情，认为他正值青春年少，却不幸身染重疾，这对他来说是个晴天霹雳。但是悲伤不能阻止他对美好生活的渴望，他仍然“在阳光下奔跑”，乐观面对这生活中的阴霾。

还有同学表示，身为当代青年，就要不惧困难，珍惜时光，把握当下，努力用自己的力量去追寻自己想要的那份美好，活出精彩。

在这个世界上，有阳光，就必定有乌云；有晴天，就必定有风雨。从乌云中挣脱出来的阳光比从前更灿烂，经历过风雨的天空才能绽放出美丽的彩虹。月有阴晴圆缺，生活也有阴霾蔽日的时候，可心若向阳，何惧风霜？当我们面对挫折的时候，不应该放弃自己、放弃生活，而要积极拥抱世界，笑对生活中的种种困难，让积极向上的态度伴随着我们，珍惜当下，不留遗憾。

视频链接：http://hbutv.hbu.cn/2018/0125/13532.shtml.

《初心》

微影简介

微电影《初心》，荣获第二届“我心中的思政课”河北省高校大学生微电影展示活动一等奖。媒体是公众利益的守护者，客观公正地报道，是新闻人应当坚守的底线。影片中，一位新闻传播学专业的大学生杨亚文，坚信记者是社会的监督者，是时代的瞭望者，一直怀揣记者的梦想。四年过去了，毕业后的杨亚文成为记者，在实现自身梦想的路上，他经历了采访被拒、职场潜规则、同事摆拍虚假报道新闻以及自身生活压力加大等问题。但他慢慢挺了过来，努力成为了一名优秀的记者。当他被贿赂，要求报道有偿新闻时，他对自己的职业产生了迷茫。后来，大学时的思政课老师邀请他重返校园，与学弟学妹们交流和分享经验，一场演讲让他回忆起了当初的那个充满新闻理想的自己，回忆起了自己作为新闻人的初心。他鼓励学弟学妹们要守住自己的初心，不要被外部的环境干扰，新闻人要担当起引导社会的责任，守住真相和正义，守住社会良心。这次经历让他在个人利益与职业道德面前，最终选择了坚守初心、脚踏实地地走下去。影片的最后，杨亚文回绝了有偿新闻，坚守住了自己作为新闻人的底线。本影片从思想政治理论课第一课开始，以大学生杨亚文为视角，以思政课对杨亚文的影响为线索，演绎了新闻人不忘来路、坚守初心的故事，传播正气，引人思考。

课程应用

根据微电影主题，《初心》可以运用在“德法”课中。在“德法”课教学中，我们会讲到社会主义核心价值观的内容。社会主义核心价值观是当代中国精神的集中体现，凝结着全体人民共同的价值追求。大学生要深刻领会社会主义核心价值观的重要意义和科学内涵，自觉践行社会主义核心价值观，努力成为弘扬社会主义核心价值观的先进代表。爱国、敬业、诚信、友善这一价值追求回答了我们要培育什么样的公民的重大问题，涵盖了社会公德、职业道德、家庭美德、个人品德等各个方面，是每一个公民都应当遵循的道德规范。有了这样的价值追求，才能更好地处理个人与国家、社会、他人的关系，不断提升自己的人生境界。青年的价值取向，既关系着自己的健康成长成才，又决定着未来整个社会的价值取向。青年是引风气之先的社会力量，在全社会培育和弘扬社会主义核心价值观，需要大学生始终走在时代前列，成为社会主义核心价值观的坚定信仰者、积极传播者、模范践行者。

微电影《初心》的主人公杨亚文，守住了自己作为新闻传播者的初心和底线，遵守了自己的职业道德。面对职场潜规则和虚假报道，他顶住压力，追求真实，在个人利益与职业道德的冲突面前，选择了遵循初心。他将这份初心传递给学弟学妹们，传承了美好而珍贵的道德品质。虽然大学生尚未正式进入职场，但是仍然可以在学习生活中找到提高职业道德意识的路径。作为当代的大学生，应当将职业道德修养纳入学习成才的规划中，有计划有目的地学习，以职业道德模范为榜样，培养积极进取、甘于奉献、服务社会的良好职业道德意识，为未来的职业生涯做准备，为今后走上工作岗位打下良好的基础。大学生可以通过勤工助学、实习等途径体验职业生活。许多大学生志愿走进西部、走进社区、走进农村，用知识和爱心为需要帮助的群众服务。他们在服务他人、奉献社会中收获成长和进步，也为将来顺利走向工作岗位积累了实践经验。作为当代的大学生，应当积极利用各种机会开展社会实践，多参与社会志愿服务活动，使自己学到的知识在服务社会的过程中得到运用和升华。

课程反馈

为了实现教学成果向教学课堂的延伸和应用，充分发挥优秀微电影作品反哺教学课堂的功能，进一步深入推进微电影教学改革向纵深方向发展，我们将微电影《初心》在“德法”课中进行了应用尝试。从同学们的反馈来看，大家通过观看《初心》这部微电影，对自己今后的就业和职业规划有了更深入的思考，达到了本片预想的效果。

有同学表示，每个人都有自己的奋斗目标，但不是每个人都能在奋斗的过程中保持自己的初心。同学们怀揣美好的梦想来到了大学校园，希望未来能成就一番事业，但走入社会后也可能会逐渐被岁月磨平棱角，忘记了自己的初心。微电影中，主人公杨亚文身为一名记者，面对行业的乱象、现实的压力，没有忘记自己的初心。作为当代大学生，我们应该有这种不忘初心的精神，不为诱惑所动，砥砺前行。杨亚文开始就拥有满腔热情，对记者这一行业充满期待，他的这份热情在他之后的工作中给予了他很大的力量支持。面对被采访者的拒绝，面对公司总经理的贿赂，他毫不动摇，坚定自己的信念，尽自己之力维护了社会正义。

有同学表示，作为当代大学生，就应该明确自己的初心，明确自身的价值，在将来就业的时候，对于违法之事要敢于拒绝、敢于斗争，同时也要学会保护自己。杨亚文面对生活的压力和工作的困难，拒绝新闻摆拍和金钱的诱惑，坚持正义，在个人利益与职业道德之间选择了后者。作为未来的社会主义建设者，我们应该具备一个合格公民该具有的良好品质，遵守职业道德和职业规范，守住自己的行业底线，守住自己初入行时的本心，无愧于学校对我们的培养，无愧于我们自己辛勤的努力和付出。

视频链接：https://mp.weixin.qq.com/s/2x4OXB5YUbPAtTANUetbqw.

十、校园警示主题微电影应用

《裸殇》

微影简介

微电影《裸殇》，荣获 2017 年“繁星奖”河北大学思政课微电影大赛一等奖。影片以校园借贷为主题，讲述了主人公张贝贝因一时贪慕虚荣，从开始在各种贷款平台上借钱，到最后踏上“裸贷”之路的故事。“裸贷”是校园贷的一种形式，所谓的“裸贷”，就是借钱者以裸照或裸体视频作为担保方式，从网络平台上借钱。倘若逾期不还钱，放款人便以公开这些裸照相威胁。一些女大学生因校园裸贷偿还不起，或轻生，或离家出走，此类事件性质恶劣，引发社会广泛关注。《裸殇》中，故事女主人公张贝贝是一名大学生，本该拥有美好的大学生活，但是内心的自卑、爱慕虚荣将其带入“裸贷”的深渊。张贝贝舍友家境好，经常购买奢侈品，张贝贝为了追求所谓的面子，逐渐变得爱慕虚荣，购买各种名牌化妆品、服饰等。但因家境一般，她只能从各种平台上贷款，拆东墙补西墙，直到负债累累，也没能及时收手。剧中校园贷的放款人“鹏哥”利用了张贝贝这种心理，向她推荐了校园贷，女主涉世不深、防范意识薄弱，不知不觉就走向了深渊，最终踏上“裸贷”之路。其实，从决定借贷开始，她就踏入一条望不到尽头的歧路，借贷本息如雪球般越滚越大，又害怕被拍照片流传出去，身心备受煎熬……她惶惶不可终日，生活不复从前，最后选择报警。整部影片采用倒叙手法演绎女主的不幸遭遇，以忏悔的口吻，结合内心独白的方式，淋漓尽致地将主人公的内心活动展现出来。

课程应用

根据微电影主题，《裸殇》可以运用在“概论”课和“德法”课教学中。

在“概论”课教学中，教师可以将《裸殇》作为视频案例，应用到全面依法治国相关内容的讲解中。全面依法治国是“四个全面”战略布局的重要组成部分。全面依法治国总目标是建设中国特色社会主义法治体系，建设社会主义法治国家。中国特色社会主义法治体系包括完备的法律规范体系、高效的法治实施体系、严密的法治监督体系、有力的法治保障体系、完善的党内法规体系。《裸殇》主要涉及两个问题：一是针对校园贷相关的立法要不断健全完善，加大打击和惩治力度；二是大学生要增强法治意识。良法是善治的前提，经过长期努力，中国特色社会主义法律体系已经形成，随着中国特色社会主义事业的不断推进，各种新情况、新问题相继出现，相关的立法要不断健全与完善。针对各种校园贷引发的恶性事件，从 2016 年开始，国家相关部门出台系列文件，坚决取缔校园贷。然而，校园贷却屡禁不止，甚至还出现了更多的高利息贷款方式。针对校园贷存在的复杂情形和暴露出的各种问题，党中央、国务院高度重视，有关部门加大立法力度，加强协作配合，重视监管，重拳出击，整治校园贷乱象。2021 年 1 月 1 日正式实施的《中华人民共和国民法典》第 680 条规定：“禁止高利放贷，借款的利率不得违反国家有关规定。”这也是中国首次在全国人大立法层面明确禁止高利贷，它代表了国家坚决禁止和严厉打击高利贷的态度。法律的有效实施，是维护法律尊严和权威、保障人民权益的重要方面。同时，大学生要树立法治意识，增强法治观念，善于运用法律武器维护自身权益。

微电影《裸殇》，还可以应用在“德法”课关于人生观的教学中。树立正确的三观，是对大学生进行思想政治教育的目的之一，也是衡量大学生能否成才的重要标准。影片中的女主人公在人生观、价值观方面出现偏差，爱慕虚荣，陷入享乐的泥潭不可自拔，最终受人诱骗，走上“裸贷”的不归路。影片围绕校园贷展开，目的在于警示当代大学生注重个人修养，树立正确的三观，自觉践行社会主义核心价值观。

课程反馈

为了实现思政课教学的良性循环，让优秀微电影作品更好地辅助课堂教学，我们将微电影《裸殇》分别在“概论”课和“德法”课教学中进行展播，效果良好。综合同学们的反馈，大家对《裸殇》主旨立意理解深刻，加深了对教材内容的理解，认为对自身成长具有警示作用。

从树立合理的消费观来看，有的同学认为，有的大学生防范意识差，自控力不高，经常陷入危险之中。所以，大学生应该在自己能够承受的范围之内合理消费，而不是盲目跟风，爱慕虚荣，追求那些自己经济能力之外的物品。如果喜好超出自己的消费能力，应该通过自己的努力来获取，而不是通过贷款这种方式进行不合理的消费。因此，一方面，我们在以后的学习和生活中要提高自我防范意识，自觉远离网络贷款行为，树立正确的消费观，为自己的行为负责任。另一方面，在学校范围内加大关于消费观的宣传力度，帮助学生建立正确的消费观。量入为出，适度消费。不攀比，不盲目，构建风清气正的校园消费氛围。

从树立三观、正确认识自我的角度来看，有同学认为，这部作品反映了现实中的部分大学生贪慕虚荣，互相攀比，因追求物质上的享受而忽略了对知识的探索。因此，我们要树立正确的世界观、人生观、价值观，保持初心，积极乐观。人生的价值绝不仅仅是寻求他人的肯定，自我肯定应该放在首位，要正确地认识自己，对自己有信心。有的同学认为，我们应该做的是好好学习，不断提升自己的能力，丰富自己的内心世界。有了正确价值观的指引，人生道路即使不一定一帆风顺，但也会一直走在正确的道路上。

从法治意识的角度来看，许多同学都谈到运用法律武器维护自身权益的问题。通过观看影片，同学们意识到，在日常生活中，应时刻保持警惕，不轻易相信陌生人，不因贪图享受而在各种借贷平台上借款。我们应该加强法制观念，学习法律知识，增强法律意识，在自身合法权益受到侵害时，懂得运用法律武器维护自己的权益。

通过影片的展播，同学们在分析原因、总结经验的基础上，对自身未来的发展有了更加明晰的规划。有同学认为，我们应牢记自己的本心，安心学习，远离不良贷款，丰富自己的大学生活，让自己变得更加优秀。作为当代大学生，我们一定要坚持原则，提高辨别能力，勤俭节约，努力学习，用知识改变命运。作为新时代的青年，我们应自知、自制，树立远大理想，脚踏实地，艰苦奋斗，为更好地实现自身价值积蓄力量。

视频链接：http://hbutv.hbu.cn/2018/0130/13590.shtml.

《圈套》

微影简介

微电影《圈套》，荣获 2018 年河北大学思政课微电影大赛一等奖。本片讲述了一名大学生在寻求兼职工作时上当受骗，用法律武器维护自身权益的故事。片中的女主人公翠翠想在课余时间寻求兼职工作，恰巧在校园遇到一名推销兼职工作的人，求职心切、涉世不深的翠翠轻信了推销人的话。于是，翠翠照着宣传单上的电话打过去，电话那边自称是“兼职服务中心”，提供兼职服务需要缴纳一定的“会费”和“保证金”。翠翠思想单纯，防骗意识薄弱，在骗子看似合理的解释下，缴纳了 100 元“会费”和 200 元“保证金”，与“兼职服务中心”工作人员签订了合同。但是事情并不像翠翠想得那么简单，翠翠打电话询问，并提出退钱要求，“兼职服务中心”工作人员以中途无法退钱为由拒绝，并进一步诱导翠翠做“兼职服务中心”代理，招收会员赚取提成。在翠翠犹豫之时，同学的一番话点醒翠翠，让她意识到自己已经上当受骗。所谓的“兼职服务中心”就是打着介绍工作的幌子，骗取大学生的钱财。最后，翠翠放弃这份“工作”，并用法律武器维护自己权益。

课程应用

根据微电影主题，《圈套》可以运用在“德法”课和“概论”课中。

在“德法”课和“概论”课培养法治思维的相应内容中，可以应用本微电影作为教学案例。近几年来，大学生被诈骗的案件层出不穷，本片中的翠翠就是兼职传销类诈骗的受害者。大学期间，课余时间相对较多，很多同学希望通过兼职锻炼自己，补贴部分生活费，而很多骗子正是看准这一时机，利用大学生求职心切、社会阅历少等特点，通过散发小广告等形式，让大学生一步步落入圈套。为防止更多类似案件的出现，国家也在不断加强立法、执法，加大对这些诈骗分子的打击力度。就个人而言，大学生要学法懂法，增强自身法律意识，学会运用法律武器维护自身权益。“德法”课中就强调了具体做法，在日常生活中，大学生可以通过各种途径学习法律知识、掌握法律方法、参与法律实践、养成守法习惯、守住法律底线等，在学习和生活中逐渐提高法治思维能力，培养法治思维方式。培养法治思维的前提是学习和掌握基本法律知识，大学生计划找兼职工作，事先要了解相关的法律条文和中介机构的资质。《中华人民共和国就业促进法》第四十条规定，设立职业中介机构应当具备下列条件：（一）有明确的章程和管理制度；（二）有开展业务必备的固定场所、办公设施和一定数额的开办资金；（三）有一定数量具备相应职业资格的专职工作人员；（四）法律、法规规定的其他条件。如果影片主人公翠翠对“兼职服务中心”的相关情况做进一步深入了解，就会发现这家所谓中介机构的不合法性，就不会签订合同。此外，《中华人民共和国就业促进法》第四十一条明确规定，职业中介机构不得扣押劳动者的居民身份证和其他证件，或者向劳动者收取押金。影片中的“兼职服务中心”向求职者收取“会费”和“保证金”，违反了法律规定。大学生要树立法治思维，在不断学习和实践中提升法治思维能力，培养法治思维方式。

课程反馈

微电影《圈套》在“德法”课中进行了应用尝试。从同学们的反馈来看，大家对教材中的内容有了更为深刻的认知，对社会现实问题有了进一步的了解。同学们围绕大学生的兼职问题、法治问题进行深入思考，达到了本片的教育目的。

从分析兼职的利弊角度看，同学们已经试着运用辩证思维分析兼职的利弊。大学生在校期间做兼职工作本是一件锻炼自身能力的好事，但大学生毕竟阅历尚浅，安全意识欠缺，为避免某些不良后果的产生，要从自身实际出发，切忌盲目从众。即便去做兼职，也要选择一份适合自己、能真正锻炼自己能力的兼职。

从提高防骗意识的角度看，同学们结合教材内容和微电影的情节，从不同方面进行探讨。对于大学生为何容易上当受骗，有同学分析，故事中的主人公因为刚刚进入大学校园，还没有太强的自我防范意识，所以才会被那些不法机构乘虚而入，从而落入他们的圈套。对于如何避免上当受骗，有同学认为，加强资源的分享与交流是重要的一环。做过兼职的同学，可以交流自己的经验，分享自己的兼职资源，这样既可以帮到同学又不至于资源浪费。还有同学指出，大学生找兼职应通过正规的渠道，同时加强法律知识学习，增强防范意识，提升明辨是非的能力。另外，一旦不小心落入陷阱，要学会用法律的武器来保护自己，向警方寻求帮助。

视频链接：http://hbutv.hbu.cn/2018/0125/13528.shtml.

《沙子与珍珠》

微影简介

微电影《沙子与珍珠》，荣获 2018 年河北大学思政课微电影大赛一等奖。影片围绕“大学生就业”问题展开叙事，一名优秀的大学毕业生，带着自己精心制作的简历，信心满满地去应聘，却屡屡受挫，最终明白沙子变成珍珠需要千锤百炼，自己要想获得别人的认可，必须经过长期的积累。在个人的不懈努力下，该学生终于应聘成功。剧中男主人公在校期间学习成绩优秀，实践经验丰富，自以为可以得到一份满意的工作，提出月薪一万元的要求。面试官提了几个问题，男主人公未能给出理想答案，应聘以失败告终。男主人公十分沮丧，此时恰遇一位保洁阿姨，在了解男主人公的求职情况后，保洁阿姨的一番话启发了男生：“一粒沙子丢进草丛，人们很难找到它，但若是珍珠，则很容易被人发现。”就业遭受挫折时，千万不能灰心丧气、一蹶不振，而是要潜心积累，磨炼自己，提高自身综合素质，总有一天沙子会磨砺成珍珠，散发出属于自己的光芒。影片结尾对大学生就业提了几条建议：一是充分认识自我，做好就业决策；二是确立合适的就业目标；三是树立竞争性的择业观；四是自主创业，就业有新路；五是从边际分析法考虑，大学生可以到国家最需要的地方去。

课程应用

根据微电影主题，《沙子与珍珠》可以运用在“概论”课和“原理”课中。

在“概论”课中，教师在讲授提高保障和改善民生水平时，可以将本片作为教学视频案例。就业是每位大学生都要面对的现实问题，如何做好职业规划，树立正确的就业观、择业观，对大学生而言是亟待解决的重大课题。《沙子与珍珠》以大学生就业为主题，将大学生就业时可能会遇到的困难、问题等演绎出来，引人思考。例如，应聘时你觉得自己很优秀，但可能还有比你更优秀的人才；你觉得应聘的是自己心仪的单位，但用人单位可能有更高的要求、更好的人选等。影片展示了就业形势的严峻性，同时强调了大学生做好职业规划、树立正确择业观的重要性。对于就业问题，党和国家高度关注，李克强总理多次对大众创业万众创新做出重要指示，鼓励大学生自主创业，支持和规范发展新就业形态，实现充分就业。同时，作为大学生，要不断磨砺自己，为就业和择业积累经验，在未来的工作岗位上做出自己应有的贡献。

《沙子与珍珠》还可以应用在“原理”课中有关量变质变规律的内容上。量变是事物数量的增减和组成要素排列次序的变动，是保持事物的质的相对稳定性的不显著变化，体现了事物发展渐进过程的连续性。质变是事物根本性质的变化，是事物由一种质态向另一种质态的飞跃，体现了事物发展渐进过程和连续性的中断。就个人而言，成长就是一个由量变到质变的过程。曾经的我们平凡得如一颗沙砾，但是，如果我们有理想、有目标，能经受住各种考验，沉淀下来，努力学习，充实提升自己，日积月累，最终将成为闪耀的珍珠。影片中男主人公经过四年大学生活，成为一名优秀的大学毕业生，但是事物是不断发展的，每个人也是不断成长进步的。成为优秀毕业生，只是在新质的基础上，开始新的量变。正确认识自己，找准自己的位置，才能不断进步，在新的量变基础上实现新的质变，成为更优秀的人。努力、拼搏、奋斗是年轻人应有的状态，不断学习、不断进取，是人生应有的状态。

课程反馈

我们将微电影《沙子与珍珠》分别在“概论”课和“原理”课中进行了应用尝试。从同学们的反馈来看，大家运用辩证思维对《沙子与珍珠》进行了深入思考和多维解读。从同学们的观影感受来看，达到了本片预想的效果。

就业是大学生面临的现实问题，通过观影，同学们对就业形势和自身能力提升普遍有了更深的认知。有同学认为，在目前大学毕业生就业形势越来越严

[illegible]

大学生思想政治教育[illegible]

忽略同学，将爱情看成人生的全部，直到遭遇意外怀孕、男友背叛，消极厌世[illegible]，耐心劝解，才避免一场悲剧的发生。小洁的经历告诉我们，过分沉迷于爱情，很难对自己的学业、父母和未来负责。大学生要学会对自己负责，才能对家人负责，才能承担起社会责任。责任与使命来自信仰与力量，大学生要志存高远，以梦为马，不负韶华；要奋发图强，用奋斗填写青春底色，用奋斗书写人生华章。人生的道路并不是一帆风顺的，困难和挫折在所难免，越是如此，越应以积极的态度来面对。大学作为人生成长的重要阶段，会面临学习、恋爱、求职等诸多问题，面对暂时的困难和挫折，我们要及时调整自己的心态，积极乐观地应对。

课程反馈

为了实现实践教学与课堂教学的良性互动，将电影《坠落的少女》在“德法”课中进行了应用尝试，从同学们的观影反馈来看，大家从不同角度谈了自己的收获体会，达到了本片预想的效果。

针对片中小洁面对问题时的极端行为，同学们谈到树立正确的人生观、生命观的问题，认为生命只有一次，轻易地结束它，是极其自私、不负责任的行为。无论遇到什么问题，都要理性对待，积极乐观。我们要好好生活、好好爱自己，不要因为爱情而迷失自己。

相对于观影的男生而言，女生的体会与感悟更为深刻。对于爱情观，有的同学认知已经较为成熟。在恋爱中，女孩子要保持理性，坚守底线，无论何时都要自尊自爱。大学期间可以谈恋爱，但是一定要有自己的底线，做任何事的时候，都要考虑后果是否能够承担得起。当代大学生要树立正确的爱情观，而不能在其中迷失自我，伤害自己甚至伤害别人。人们向往美好的爱情，但爱情并不是一个人生活的全部，对待爱情要有理性的判断，不能因为冲动而做让自